Petra Casparek

Verführerische Obst- und Blechkuchen

- Leichte, schnelle Kuchen – fruchtig, cremig, süß
- Knusprige Tartes mit saftigen Belägen
- Teigschule für sicheres Gelingen

AUGUSTUS

Inhalt

Abkürzungen

EL	= Esslöffel	kg	= Kilogramm
TL	= Teelöffel	g	= Gramm
Pck.	= Päckchen	cm	= Zentimeter
Msp.	= Messerspitze	mm	= Millimeter
l	= Liter	Ø	= Durchmesser
cl	= Zentiliter	TK–	= Tiefkühl…
ml	= Milliliter	°C	= Grad Celsius

Kleine Teigschule

Würden Sie gerne öfters einen Kuchen backen, scheuen sich aber davor, da Sie fürchten, schon der Teig könnte Ihnen nicht gelingen? Backen ist keine Hexerei, und wenn Sie unsere kleinen Tipps rund um die Herstellung der einzelnen Teigarten beherzigen, können Sie problemlos Ihre Familie und Gäste mit dampfenden, aromatischen und saftigen Kuchen und Gebäck verwöhnen.

Knuspriger Knetteig

Dünn und mürbe – so muss Knetteig sein. Er gelingt am besten, wenn Sie die Zutaten zuerst mit reibenden Handbewegungen zu Bröseln vermengen und diese dann mit den Händen zu einem glatten Teig kneten. Formen Sie den Knetteig zu einer Kugel, wickeln Sie ihn in Klarsichtfolie und geben Sie ihm mindestens 30 Minuten – besser noch 1 Stunde – Zeit, sich im Kühlschrank zu entwickeln. Praktisch, wenn es schnell gehen soll: Tarteletts aus Mürbeteig können Sie einige Tage im Voraus backen und in einer Blechdose aufbewahren.

Herrlich lockerer Biskuitteig

Er ist die Nummer Eins, wenn es um üppig gefüllte Torten oder Rollen geht. Seine luftige Konsistenz verdankt er den Eiern – durch kräftiges Schlagen entwickeln sich viele kleine Luftblasen. Damit diese nicht wieder zusammenfallen, sollten Sie zügig arbeiten. Eischnee und Mehl hebt man mit einem Schneebesen unter die Eigelbmasse. Damit sich der Boden nach dem Backen gut aus der Form löst, legen Sie die Springform mit passend zurechtgeschnittenem Backpapier aus. Andere Formen werden eingefettet und mit Mehl ausgestäubt.

So gelingt Hefeteig

Ob Sie zunächst einen Vorteig herstellen oder direkt alle Zutaten für den Hefeteig miteinander vermischen ist eine Frage der Tradition. Früher schwankte die Qualität der Hefe, daher diente der Vorteig als Test, ob die Hefe die gewünschte Treibkraft besitzt. Dank der heute konstant guten Qualität frischer Hefe können Sie mittlerweile auf den Vorteig verzichten.

Ein Hefeteig braucht vor allem Zeit, um schön aufzugehen. Er liebt es eher warm und frei von Zugluft. Decken Sie Ihren Hefeteig daher immer mit einem sauberen Küchentuch ab. Sie können den Teig zum Gehen auch in den Backofen stellen – heizen Sie ihn vorher kurz auf 50 °C auf. Prüfen Sie aber unbedingt die Temperatur, bevor Sie den empfindlichen Teig hineinstellen! Denn auch zu starke Hitze schadet ihm. Nach dem ersten Aufgehen den Hefeteig mindestens 5 Minuten kräftig kneten und auf die glatte, nicht zu kalte Arbeitsfläche schlagen, damit er luftig wird. Marmor- oder Steinflächen sollten Sie zuvor mit einem in heißes Wasser getauchten Tuch anwärmen. Die Arbeitsfläche immer nur leicht mit Mehl bestäuben, auch wenn der Teig klebrig ist. Durch kräftiges Kneten verliert er seine Klebrigkeit.

Kuchen und Gebäck aus Hefeteig lassen sich übrigens gut einfrieren. Dafür den Kuchen etwa 10 Minuten vor Ende der Backzeit aus dem Ofen nehmen, abkühlen lassen und im Ganzen oder in Stücke geschnitten einfrieren. Nach dem Auftauen etwa 10 Minuten backen, bis der Kuchen oder das Gebäck schön goldbraun und knusprig ist. Die Backtemperatur richtet sich hierbei wieder nach der im jeweiligen Rezept angegebenen.

Quark-Öl-Teig – nichts leichter als das

Ein Quark-Öl-Teig wird ähnlich locker wie ein Hefeteig, ist jedoch viel einfacher – und schneller – herzustellen. Backpulver dient hier als treibende Kraft. Da der Teig nicht gehen muss, können Sie ihn sofort nach der Herstellung ausrollen, belegen und backen. Lassen Sie den Quark vor der Verarbeitung immer gut abtropfen – so verliert er Feuchtigkeit, und Sie benötigen nicht so viel Mehl für den Teig.

Rührteig schnell gemacht

Bei diesem Teig kann eigentlich nichts schief gehen. Butter oder Margarine, Zucker, Eier, Gewürze, Mehl und Backpulver werden rasch nacheinander zusammen verrührt. Resultat ist ein saftiger, süßer Teig, der Früchten und Beeren ein ideales Bett bietet. Kuchen aus Rührteig ist besonders schnell und unkompliziert herzustellen. Die Zutaten dafür sollten Sie immer auf Lager haben – so sind Sie gewappnet, wenn sich überraschend Besuch ankündigt. Ein Test zeigt, ob der Kuchen durchgebacken ist: Stechen Sie ein Holzstäbchen oder eine dünne Stricknadel in die Bodenmitte. Bleibt beim Herausziehen kein Teig daran kleben, ist der Kuchen fertig.

Keine Angst vor Strudelteig

Strudelteig muss weich sein und vor dem Ausziehen mindestens 30 Minuten ruhen, damit sich alle Zutaten gut verbinden. Besonders leicht lässt sich der Teig ausziehen, wenn man ihn unter einer mit heißem Wasser ausgespülten Steingut- oder Keramikschüssel ruhen lässt. Danach den Teig auf der leicht bemehlten Arbeitsfläche etwas ausrollen, über den Handrücken legen und rundum vorsichtig in die Länge ziehen, so dass der Teig gleichmäßig dünn wird. Man sagt, ein Strudelteig ist dann genügend dünn, wenn man eine Zeitung durch ihn hindurch lesen kann.

Blätterteig – tiefgekühlt und heiß begehrt

Die Herstellung von Blätterteig ist recht mühsam und aufwendig, daher verwenden wir in den Rezepten dieses Buches fertigen TK-Blätterteig. Die Teigplatten sollten Sie etwa 10 Minuten vor Verwendung auf einer leicht mit Mehl bestäubten Arbeitsfläche nebeneinander liegend auftauen lassen. Den Teig niemals kneten, er würde seine blättrige Struktur verlieren. Teigreste können Sie einfach übereinander schichten und auf die gewünschte Größe ausrollen.

Tricks und Kniffe

Damit Ihnen ein Kuchen gelingt und zum richtigen Genuss wird, braucht er eine gute Unterlage – der Teig muss stimmen. Darüber hinaus gibt es eine Vielzahl einfacher, aber wirksamer Tricks und Kniffe, die Ihnen beim Backen sehr dienlich sein können. Ob die Wahl der richtigen Backform, die Geling-Garantie für luftigen Eischnee oder aber Hilfsmittel zum Verzieren Ihres Backwerkes – unsere Ratschläge tragen dazu bei, dass Ihr Traum vom erfolgreichen Backen spielend leicht wahr wird.

Die richtige Backtemperatur

Sollte der Kuchen zu schnell dunkel werden oder selbst 10 Minuten nach Ende der empfohlenen Backzeit immer noch blass sein, kann das an Ihrem Backofen liegen. Denn jeder Ofen heizt unterschiedlich. Zudem schwanken die Temperaturen im Jahresverlauf oft sehr deutlich – so in der Vorweihnachtszeit, wo in praktisch jedem Haushalt gebacken wird und die Elektrizitätswerke mit der Stromversorgung nicht mehr nachkommen. Mit einem Backofenthermometer aus dem Haushaltswarengeschäft können Sie Zweifel über die richtige Temperatur Ihres Backofens ausräumen.

Blindbacken

Knetteig sollte vor dem Belegen vorgebacken werden, damit er später nicht durchweicht. Damit er sich beim Vorbacken nicht wölbt und große Blasen bildet, wird der Teigboden mit einer Gabel mehrmals eingestochen und zusätzlich mit passend zurechtgeschnittenem Backpapier belegt. Darauf gibt man eine dicke Schicht getrocknete Erbsen oder andere Hülsenfrüchte zur Beschwerung – sie lassen sich übrigens mehrfach verwenden.

Eier – auf die Größe kommt es an

Eier werden neuerdings in nach S, M, L und XL unterteilten, genormten Größen verkauft. Sie kennen diese Einteilung sicherlich aus der Modebranche, in der man für Bekleidung schon lange diese Kürzel benutzt. Hierbei steht »S« für »small« (klein), »M« für »medium« (mittel), »L« für »large« (groß) und »XL« für »extralarge« (extragroß). Für die Rezepte in diesem Buch werden Eier der Größe M verwendet, wo nicht anders angegeben.

BACKOFENTEMPERATUREN		
Elektro	**Gas**	**Umluft**
100–150 °C	Stufe 1	
160 °C	Stufe 1–2	140 °C
170 °C	Stufe 2	150 °C
180 °C	Stufe 2–3	160 °C
190 °C	Stufe 3	170 °C
200 °C	Stufe 3–4	180 °C
210 °C	Stufe 4	190 °C
220 °C	Stufe 4–5	200 °C
230 °C	Stufe 5	210 °C
240 °C	Stufe 5–6	220 °C
250 °C	Stufe 6	230 °C

Bei Gasöfen unbedingt die Angaben des Herstellers beachten, die Temperaturstufen sind oft gerade bei älteren Modellen nicht einheitlich.

Luftiger Eischnee

Der duftige Schaum aus Eiweiß macht Kuchenteige und Cremes locker und verleiht ihnen gleichzeitig Festigkeit. Verwenden Sie immer sehr frische, gut gekühlte Eier. Eiweiß und Eigelb müssen sorgfältig getrennt werden. Schon die kleinste Menge Eigelb im Eiweiß verhindert das Festwerden des Eischnees. Zum Aufschlagen sollten Sie immer einwandfrei saubere und fettfreie Schüsseln und Schneebesen oder Quirle verwenden. Besonders fest wird Eischnee, wenn Sie dem Eiweiß eine Prise Salz beigeben.

Die richtigen Backformen

Die Wahl der richtigen Backform wirkt sich entscheidend auf das Backergebnis aus. Formen aus hellem Blech reflektieren die Hitze, dadurch bräunt das Backgut nur schwach. Dunkel beschichtete Formen hingegen schlucken die Hitze – Kuchen und Gebäck bräunen intensiver und gleichmäßig. Generell gilt: Backformen und -förmchen aus Weißblech eignen sich am besten für Backöfen, die mit Gas beheizt werden. Dunkle Backformen sind ideal für Elektroherde. Backformen aus ofenfestem Glas, Steingut oder Keramik eignen sich in der Regel für beide Herdarten – beim Kauf auf die Hinweise des Herstellers achten.

Am häufigsten kommt die Springform mit 26 bis 28 cm Ø zum Einsatz. Bei ihrer Anschaffung sollten Sie nicht sparen. Achten Sie bei einer dunkel beschichteten Form darauf, dass die Beschichtung schnittfest ist.

Tartelettförmchen bekommt man in den unterschiedlichsten Größen, mit glattem oder gewelltem Rand. Besonders praktisch sind Förmchen mit herausnehmbarem Boden.

Küchenhelfer – immer zur Hand

• Nicht mehr aus der Backstube wegzudenken ist das elektrische Handrührgerät mit Quirlen und Knethaken. Mit ihm gehen minutenlanges Rühren und Schlagen mühelos von der Hand. Zusätzlich benötigen Sie immer wieder einen Holzlöffel und einen großen Schneebesen. Plastikschüsseln mit 2 und 3 Liter Inhalt und einem gebogenen Rand sind zum Rühren unverzichtbar. Metallschüsseln sind weniger geeignet, da sich die Quirle des Handrührgerätes darin leicht verbiegen können.

• Ein feinmaschiges Sieb für Mehl und Speisestärke sowie ein gröberes Sieb zum Waschen des Obstes reichen für den Kuchenbäcker vollkommen aus. Eine Streudose für Puderzucker lohnt sich für alle, die viel backen und auch Süßspeisen und Desserts häufig mit Puderzucker bestäubt servieren.

• Ein Teigschaber aus Gummi sorgt dafür, dass beim Umfüllen von Teigen und Cremes nichts in der Schüssel zurückbleibt.

• Zum Abkühlen von Kuchen und Gebäck ist ein Kuchengitter nötig. Denn nur wenn das Backgut beim Abkühlen auch von unten Luft bekommt, bleibt es schön locker und trocken.

• Die Anschaffung eines professionellen Spritzbeutels mit verschiedenen Tüllen lohnt sich wirklich. Mit ihm lassen sich nicht nur Torten und Gebäck hübsch verzieren, auch cremige Füllungen können Sie damit sauber in die entsprechenden Teighüllen einbringen.

• Zum Schmelzen von Kuvertüre eignet sich eine Metallschüssel am besten. Sie wird auf einen großen Topf mit heißem Wasser gesetzt, so dass der Boden ins Wasser eintaucht und die Hitze des Wassers die gehackte Kuvertüre schmelzen lässt.

Saftiges mit Sommerfrüchten

Halb in zartem Marzipanteig versunken, umgeben von duftigem Baiser, versteckt in lockerem Hefeteig oder auf knusprigen Boden gebettet – die verschiedensten Obstsorten präsentieren sich hier in ihrer schönsten Form.

 **Für Gäste**

Buntes Obstherz

Für 1 Herzform von etwa 2 l Inhalt

Für den Teig
- 30 g Butter oder Margarine
- 3 Eier
- 90 g Zucker
- 1 Pck. Vanillezucker
- 1 Prise Salz
- 70 g Mehl
- 20 g Speisestärke
- ½ TL Backpulver

Für die Vanillecreme
- 200 ml Milch
- 50 g Zucker
- ½ Pck. Vanillepuddingpulver
- 2 Eigelbe
- 2 EL Marsala oder Sherry Oloroso
- 100 g Sahne

Für den Belag
- 50 g Mandelblättchen
- 1 Blatt weiße Gelatine
- 50 ml Apfelsaft
- 1 Kiwi
- 100 g Erdbeeren
- 1 Karambole
- 100 g blaue Trauben
- 1 Nektarine
- Zitronensaft

Außerdem
- Butter und Mehl für die Form

Das Bunte Obstherz (Bild Seite 8/9) ist ein Fest für die Sinne.

1. Den Backofen auf 200 °C (Gas Stufe 3–4, Umluft 180 °C) vorheizen. Die Backform einfetten und leicht mit Mehl ausstäuben. Für den Biskuitteig die Butter schmelzen und leicht abkühlen lassen, die Eier trennen. Eigelbe mit Zucker und Vanillezucker schaumig aufschlagen, die Butter nach und nach unterrühren. Eiweiß mit dem Salz zu sehr steifem Eischnee schlagen und diesen auf die Eigelbmasse geben.

2. Das Mehl mit Speisestärke und Backpulver vermischen. Die Mischung über den Eischnee sieben. Die Eischnee-Mehl-Mischung mit einem großen Schneebesen vorsichtig unter die Eiermasse heben. Den Biskuitteig in die Herzform geben und auf der mittleren Schiene 10 bis 15 Minuten backen. Den Biskuit in der Form abkühlen lassen und auf das Kuchengitter stürzen.

3. Für die Vanillecreme aus Milch, Zucker und Puddingpulver nach Packungsanleitung einen Pudding kochen. Eigelbe und Marsala einrühren, jedoch nicht mehr aufkochen. Die Masse abkühlen lassen. Die Sahne steif schlagen und unter den kalten Pudding ziehen.

4. Mandelblättchen in der trockenen Pfanne (ohne Zugabe von Öl) goldgelb rösten. Die Gelatine 10 Minuten in kaltem Wasser einweichen, ausdrücken. Apfelsaft leicht erwärmen und die Gelatine darin auflösen. Den Saft abkühlen, aber nicht fest werden lassen. Die Früchte waschen, putzen und in Scheiben oder Stücke schneiden. Die Früchte mit Zitronensaft beträufeln.

5. Die Vanillecreme auf das Biskuitherz und dünn auf den Rand streichen. Mandelblättchen auf den Rand geben und leicht andrücken. Die vorbereiteten Früchte dekorativ auf dem Herz anordnen und mit der Gelierflüssigkeit beträufeln. Das Obstherz 30 Minuten kalt stellen, dann sofort servieren.

Vorbereitungszeit:
ca. 55 Minuten
Backzeit:
10–15 Minuten
Kühlzeit:
30 Minuten

Varianten
- Statt in der Herzform können Sie den Biskuitboden auch in einer Springform von 26 bis 28 cm Ø backen.
- Belegen Sie das Obstherz im Winter zur Abwechslung mit exotischen Früchten.

 **Für Gäste**

Vanillekuchen mit Roter Grütze

Für 1 Springform von 26–28 cm Ø

Für den Teig
- 100 g Butter
- 100 g Zucker
- 2 Eier
- 2 Vanilleschoten
- 1 EL Milch
- 150 g Mehl
- 1 gestrichener TL Backpulver
- 1 Prise Salz

Für den Belag
- 450 g gemischte Beeren, frisch oder tiefgekühlt
- 5 Blatt weiße Gelatine
- 130 g Zucker
- 300 ml Kirschsaft
- 4 cl Kirschwasser oder Himbeergeist
- 200 g ungesalzener Doppelrahm-Frischkäse
- 1–2 EL Milch
- 1 Pck. Vanillezucker
- ½ TL abgeriebene Schale von 1 unbehandelten Zitrone

Außerdem
- Butter für die Form
- Klarsichtfolie zum Abdecken
- 50 g grob gehackte Pistazienkerne zum Bestreuen

1. Den Backofen auf 180 °C (Gas Stufe 2–3, Umluft 160 °C) vorheizen. Die Backform einfetten. Butter mit Zucker schaumig schlagen. Die Eier trennen und die Eigelbe unter die Buttermasse rühren. Die Vanilleschoten längs aufschlitzen und das Mark mit einem spitzen Messer herauskratzen Vanillemark und Milch unter den Teig rühren.

2. Mehl und Backpulver mischen, über den Teig sieben und unterziehen. Eiweiß mit dem Salz steif schlagen, den Eischnee vorsichtig unter den Teig ziehen. Den Teig in die Form geben und glatt streichen. Den Teig auf der mittleren Schiene 25 bis 30 Minuten backen.

3. Inzwischen die Beeren antauen lassen. Die Gelatine 10 Minuten in kaltem Wasser quellen lassen. Den Kirschsaft mit 100 Gramm Zucker und Kirschwasser oder Himbeergeist erhitzen. Die Beeren unterrühren und 2 Minuten bei schwacher Hitze kochen. Die Rote Grütze vom Herd nehmen. Die Gelatine ausdrücken und in der Grütze auflösen. Die Rote Grütze abkühlen, jedoch nicht fest werden lassen

4. Nach Ende der Backzeit den Ring der Springform vorsichtig lösen und den Kuchen auf dem Gitter abkühlen lassen. Dann den Ring wieder herumlegen und befestigen. Den Frischkäse mit der Milch, dem restlichen Zucker, Vanillezucker und Zitronenschale glatt rühren. 4 Esslöffel von der Käsecreme beiseite stellen, den Rest auf den Kuchenboden streichen und darüber die Rote Grütze geben.

5. Den Kuchen mit Klarsichtfolie abgedeckt im Kühlschrank in 1 Stunde 30 Minuten fest werden lassen. Ein großes Messer in heißes Wasser tauchen und damit die Torte vom Springformrand lösen, den Rand entfernen. Die restliche Frischkäsecreme auf den Tortenrand streichen, mit den Pistazienkernen bestreuen und diese leicht festdrücken. Den Vanillekuchen sofort servieren.

Vorbereitungszeit:
ca. 50 Minuten
Backzeit:
25–30 Minuten
Kühlzeit:
1 Stunde 30 Minuten

 **Exotisch**

Ricottatarte mit Weintrauben

**Für 1 Tarte- oder Spring-
form von 26 cm Ø**

Für den Teig
- 60 g kalte Butter
- 40 g Puderzucker
- ½ Vanilleschote
- 1 Eigelb
- 120 g Mehl

Für den Belag
- 3 Eier
- 500 g weicher Kuhmilch-
  Ricotta
- 120 g Puderzucker
- 40 g Vanillepuddingpulver
- Schale und Saft von 2 unbehandelten Zitronen
- 3 cl Grappa
- 180 g Sahne
- 3 EL Zwiebackbrösel
- 600 g kernlose weiße
  Trauben
- 200 ml weißer Traubensaft
- 2 ½ g Agar-Agar-Pulver

Außerdem
- Klarsichtfolie zum Ein-
  wickeln des Teiges
- Butter für die Form
- Mehl für die Arbeitsfläche
- Backpapier und getrocknete
  Erbsen zum Blindbacken

*Der italienische Frischkäse
verleiht der Ricottatarte
mit Weintrauben (Bild rechts)
ihre Cremigkeit.*

1. Für den Teig die Butter mit dem Puderzucker verkneten. Von der Vanilleschote das Mark herauskratzen. Eigelb und Vanillemark zu der Butter geben, das Mehl darüber sieben. Das Mehl mit reibenden Handbewegungen so unterarbeiten, dass Brösel entstehen. Dann erst alles zu einem glatten Teig verkneten. Diesen in Klarsichtfolie wickeln und 2 Stunden in den Kühlschrank legen.

2. Den Backofen auf 180 °C (Gas Stufe 2–3, Umluft 160 °C) vorheizen. Die Form einfetten. Den gekühlten Teig auf der leicht bemehlten Arbeitsfläche ausrollen und die Form damit auslegen. Den Teig mit Backpapier abdecken und mit getrockneten Erbsen belegt 10 Minuten blindbacken. Erbsen und Backpapier anschließend entfernen.

3. Für die Füllung Eier, Ricotta, Puderzucker, Puddingpulver, Zitronenschale und -saft sowie Grappa mit den Quirlen des Handrührgerätes glatt rühren. Die Sahne steif schlagen und unterheben. Die Masse auf den Teig geben und glatt streichen.

4. Die Tarte 30 Minuten backen. Geht die Masse nach etwa 10 Minuten hoch, die

Tarte am Rand vorsichtig von der Form lösen und wieder in den Ofen schieben. Die Tarte weiterbacken und bis zum Ende der Backzeit noch zweimal herausnehmen, sich setzen lassen und wieder in den Ofen schieben. Nach Ende der Backzeit abkühlen lassen.

5. Die Zwiebackbrösel über die Tarte streuen. Trauben waschen, abtropfen lassen und von den Stielen zupfen. Die Trauben halbieren und auf die Tarte legen. Traubensaft mit dem Agar-Agar-Pulver verrühren und aufkochen. Den Saft mit dem breiten Backpinsel über den Kuchen verteilen und die Tarte 1 Stunde kalt stellen.

Vorbereitungszeit:
ca. 35 Minuten
Ruhezeit:
2 Stunden
Backzeit:
ca. 40 Minuten
Kühlzeit:
1 Stunde

Variante
Je zur Hälfte weiße und blaue Trauben verwenden und damit abwechselnd den Kuchen belegen. Für den besonderen Geschmack die Ricottatarte mit gerösteten Pinienkernen bestreuen.

Das mögen Kinder

Kirschen auf Marzipanteig

Für 1 Backblech

- 1 ½ kg Süßkirschen (ersatzweise 3 Gläser Sauerkirschen, je 350 g Abtropfgewicht)
- 220 g Marzipanrohmasse
- 220 g Butter
- 220 g Zucker
- 1 Prise Salz
- 5 Tropfen Bittermandelaroma
- abgeriebene Schale von 1 unbehandelten Zitrone
- 220 g Joghurt
- 150 g Hartweizengrieß
- 7 Eier
- 300 g Mehl
- 2 gestrichene TL Backpulver
- 100 g Mandelstifte

Außerdem
- Butter für das Blech
- Puderzucker zum Bestäuben

1. Die Kirschen unter fließendem Wasser abbrausen, Stiele entfernen und die Früchte entkernen. Eingelegte Kirschen in einem Sieb abtropfen lassen. Den Backofen auf 180 °C (Gas Stufe 2–3, Umluft 160 °C) vorheizen.

2. Die Marzipanrohmasse mit einer Gabel fein zerdrücken. Marzipan und Butter in der Rührschüssel mit den Quirlen des Handrührgerätes glatt rühren. Zucker, Salz, Bittermandelaroma, Zitronenschale, Joghurt, Grieß und Eier zugeben und alles verrühren. Das Mehl mit dem Backpulver mischen, nach und nach über den Teig sieben und unterrühren.

3. Das Backblech einfetten. Den Teig auf das Blech geben und glatt streichen. Die Kirschen und die Mandelstifte darauf verteilen und leicht in den Teig drücken.

4. Den Kuchen auf der mittleren Schiene 50 bis 60 Minuten backen – bei der Garprobe darf kein Teig mehr an dem Holzstäbchen haften. Den Kirschkuchen 10 Minuten auf dem Blech abkühlen lassen, dann in Stücke schneiden und auf das Kuchengitter setzen. Vor dem Servieren den Kirschkuchen leicht mit Puderzucker bestäuben.

Vorbereitungszeit:
ca. 30 Minuten
Backzeit:
50–60 Minuten

Variante
Auch halbierte Aprikosen oder Zwetschgen, säuerliche Äpfel in Vierteln, Himbeeren oder Heidelbeeren harmonieren vorzüglich mit dem Marzipanteig.

Tipp
Im Winter können Sie auf tiefgekühlte gemischte Beeren zurückgreifen.

Gut vorzubereiten

Pflaumenkuchen mit Nussschaum

Für 1 Springform von 26–28 cm Ø

Für den Teig
- 200 g Mehl
- 1 gestrichener TL Back-pulver
- 70 g Zucker
- 1 Prise Salz
- 1 kleines Ei
- 120 g kalte Butter

Für den Belag
- 750 g säuerliche, nicht zu weiche Pflaumen
- 1 Vanilleschote
- 125 ml roter Portwein
- 100 g Zucker
- 100 g Haselnüsse
- 2 Eier
- 1 Prise Salz
- 1 gute Prise Zimt

Außerdem
- Klarsichtfolie zum Ein-wickeln des Teiges
- Mehl für die Arbeitsfläche
- Butter für die Form
- Puderzucker zum Bestäuben

1. Für den Teig Mehl und Backpulver mischen und in eine große Schüssel sieben. Nacheinander Zucker, Salz, Ei sowie die Butter in Stückchen zugeben und alles rasch zu einem glatten Teig verkneten. Den Teig in Klarsichtfolie wickeln und 2 Stunden in den Kühlschrank legen.

2. Für den Belag Pflaumen waschen, vierteln und ent-steinen. Große Pflaumen in Stückchen schneiden. Die Vanilleschote längs aufschlit-zen und das Mark mit einem spitzen Messer herauskrat-zen. Die Pflaumen zusammer mit Vanillemark, -schote, Portwein, 250 Milliliter Was-ser und 50 Gramm Zucker 4 Minuten bei schwacher Hitze im offenen Topf kochen, dann abkühlen lassen. Pflaumen in einem Sieb abtropfen lassen, Vanilleschote entfernen.

3. Den Backofen auf 200 °C vorheizen (Gas Stufe 3–4, Umluft 180 °C). Den Teig auf der leicht bemehlten Arbeits-fläche dünn ausrollen. Die Form einfetten, den Boden und den Rand der Form mit dem Teig auslegen. Den Teig-boden mit einer Gabel mehr-mals einstechen, auf der mitt-leren Schiene 15 Minuten vorbacken, abkühlen lassen.

4. Die Haselnüsse in der trockenen Pfanne (ohne Zu-gabe von Öl) goldbraun rösten. Die Nüsse abkühlen lassen und die Häutchen soweit wie möglich entfernen. Die Nüsse fein hacken.

5. Die Eier trennen. Eiweiß mit Salz steif schlagen. Die Eigelbe mit dem restlichen Zucker und Zimt schaumig schlagen. Eischnee und Hasel-nüsse unterheben. Die Pflau-men auf dem Boden verteilen und den Nussschaum darauf streichen. Den Kuchen auf der mittleren Schiene 25 Mi-nuten backen, abkühlen las-sen und lauwarm mit Puder-zucker bestäuben.

Vorbereitungszeit:
ca. 40 Minuten
Ruhezeit:
2 Stunden
Backzeit:
40 Minuten

Für Gäste

Johannisbeerkuchen mit Baiser

Für 1 Springform von 26–28 cm Ø

Für den Teig
- 30 g Butter oder Margarine
- 3 Eier
- 90 g Zucker
- 1 Pck. Vanillezucker
- 1 Prise Salz
- 70 g Mehl
- 20 g Speisestärke
- ½ TL Backpulver

Für den Belag
- je 150 g weiße, schwarze und rote Johannisbeeren
- 6 Blatt weiße Gelatine
- 3 Eigelbe
- 80 g Zucker
- 1 Pck. Vanillezucker
- 150 ml schwarzer Johannisbeersaft
- 200 g Sahne

Für das Baiser
- 3 Eiweiße
- 1 Prise Salz
- 150 g Zucker

Außerdem
- Backpapier für die Form
- Klarsichtfolie zum Auskleiden

Der Johannisbeerkuchen mit Baiser (Bild rechts) bringt Beeren unter die süße Haube.

1. Den Backofen auf 200 °C (Gas Stufe 3–4, Umluft 180 °C) vorheizen. Die Springform mit Backpapier auslegen. Für den Biskuitteig die Butter schmelzen und etwas abkühlen lassen. Die Eier trennen. Eigelbe mit Zucker und Vanillezucker schaumig schlagen, Butter unterrühren. Eiweiß mit Salz zu sehr steifem Eischnee schlagen, diesen auf die Eiermasse geben.

2. Mehl mit Speisestärke und Backpulver vermischen. Die Mehlmischung über den Eischnee sieben und alles mit einem großen Schneebesen vorsichtig unter die Eiermasse heben. Den Teig in die Form geben und auf der mittleren Schiene 10 bis 15 Minuten backen. Den Biskuit in der Form abkühlen lassen, dann auf ein Kuchengitter stürzen.

3. Für die Füllung die Johannisbeeren abbrausen und auf Küchenpapier trocknen, die

Tipp

Tauchen Sie einige schöne Johannisbeerrispen zuerst in Eiweiß und dann in Kristallzucker. Die Beeren auf der fertig überbackenen Torte arrangieren.

Beeren von den Rispen streifen. Die Gelatine in kaltem Wasser einweichen. Eigelbe, Zucker und Vanillezucker über dem Wasserbad aufschlagen, bis die Masse cremig wird. Den Johannisbeersaft erhitzen. Die Gelatine ausdrücken und im Saft auflösen. Den Saft unter die Eiercreme rühren und abkühlen lassen.

4. Die Sahne steif schlagen. Die Johannisbeeren unter die Eiercreme rühren, die Sahne unterheben. Eine Schüssel von 24 bis 26 cm Ø mit Klarsichtfolie auslegen und die Creme hineinfüllen. Für 2 Stunden in den Kühlschrank stellen.

5. Den Backofen auf 250 °C (Gas Stufe 6, Umluft 230 °C) vorheizen. Die Creme auf den Biskuitboden stürzen, die Folie abziehen. Eiweiß mit Salz steif schlagen. Zucker einrieseln lassen und weiterschlagen, bis der Eischnee glänzende Spitzen bildet. Den Eischnee dekorativ auf der Creme verteilen und im Ofen in 2 bis 3 Minuten überbacken, bis sich das Baiser bräunlich färbt.

Vorbereitungszeit:
ca. 1 Stunde
Backzeit:
10–15 Minuten
Kühlzeit:
2 Stunden

Gut vorzubereiten

Stachelbeertorte mit Mascarponecreme

Für 1 Springform von 26–28 cm Ø

Für den Teig
• 30 g Butter
• 3 Eier
• 90 g Zucker
• 1 Pck. Vanillezucker
• 1 Prise Salz
• 70 g Mehl
• 20 g Speisestärke
• ½ TL Backpulver

Für die Füllung
• 4 Blatt weiße Gelatine
• 500 g Stachelbeeren
• 200 ml Weißwein
• 1 Pck. Vanillezucker
• 150 g Zucker
• 500 g Mascarpone
• 5 cl Marsala oder Sherry Oloroso
• 2 EL Zitronensaft
• 2 sehr frische Eier
• 1 Prise Salz

Außerdem
• Butter und Mehl für die Form
• Raspelschokolade zum Garnieren

1. Den Backofen auf 200 °C (Gas Stufe 3–4, Umluft 180 °C) vorheizen. Die Backform einfetten und leicht mit Mehl ausstäuben. Für den Biskuitteig die Butter schmelzen und etwas abkühlen lassen, die Eier trennen. Eigelbe mit Zucker und Vanillezucker schaumig schlagen, Butter unterrühren. Eiweiß mit Salz sehr steif schlagen, den Eischnee auf die Eiermasse geben.

2. Mehl mit Speisestärke und Backpulver mischen und über die Eiermasse sieben. Eischnee und Mehlmischung mit einem großen Schneebesen vorsichtig unter die Eiermasse heben. Den Teig in die Form geben und auf der mittleren Schiene 10 bis 15 Minuten backen. Den Biskuit in der Form abkühlen lassen, dann vorsichtig auf das Kuchengitter stürzen.

3. Für die Füllung Gelatine in kaltem Wasser einweichen. Die Stachelbeeren waschen, putzen und mit Weißwein, Vanillezucker und 50 Gramm Zucker in 10 Minuten bei schwacher Hitze weich dünsten. Die Beeren abtropfen lassen, dabei den Sud auffangen. Gelatine ausdrücken und im warmen Sud auflösen.

4. Früchte und Sud abkühlen lassen. Mascarpone mit dem restlichen Zucker, 2 Zentiliter Marsala und Zitronensaft cremig schlagen. Die Eier trennen. Eigelbe und Stachelbeersud unter die Mascarponecreme rühren.

5. Eiweiß mit dem Salz zu steifem Schnee schlagen und mit einem großen Schneebesen vorsichtig unter die Creme heben. Den Biskuitboden quer halbieren, den unteren Boden mit dem restlichen Marsala tränken. Diesen Boden mit der Hälfte der Creme bestreichen, darauf die Hälfte der Früchte legen. Den zweiten Boden darauf setzen, die restliche Creme auf die Torte geben, den Tortenrand ebenfalls mit der Creme bestreichen. Den Kuchen mit den restlichen Stachelbeeren und der Raspelschokolade garnieren und 2 Stunden kalt stellen.

Vorbereitungszeit:
ca. 50 Minuten
Backzeit:
10–15 Minuten
Kühlzeit:
2 Stunden

 **Das mögen Kinder**

Aprikosenkuchen mit Amaretti

Für 1 Springform von 26–28 cm Ø

Für den Teig
- 300 g Mehl
- 30 g Zucker
- 1 Prise Salz
- 100 g Butter
- 1 Ei
- 3 EL Orangensaft

Für die Füllung
- 500 g vollreife Aprikosen
- 250 g Mascarpone
- abgeriebene Schale von 1 unbehandelten Orange
- 120 g Zucker
- 1 Pck. Vanillezucker
- 1 Prise Salz
- 2 Eier
- 100 ml Milch
- 250 g Hartweizengrieß
- ½ Pck. Backpulver
- 100 g kleine Amaretti

Außerdem
- Klarsichtfolie zum Einwickeln des Teiges
- Butter für die Form
- Mehl für die Arbeitsfläche
- Backpapier und getrocknete Erbsen zum Blindbacken
- 1 Eigelb zum Bestreichen
- 30 g Mandelstifte zum Bestreuen
- Puderzucker zum Bestäuben

1. Für den Teig das Mehl in eine Schüssel sieben. Zucker, Salz, Butter in Stückchen, Ei und Orangensaft hinzugeben und alles rasch zu einem glatten Teig verkneten. Den Teig in Klarsichtfolie wickeln und 30 Minuten in den Kühlschrank legen.

2. Den Backofen auf 200 °C (Gas Stufe 3–4, Umluft 180 °C) vorheizen. Die Form einfetten. Eine Hälfte des Teiges auf der leicht bemehlten Arbeitsfläche etwas größer als die Form ausrollen, diese einschließlich Rand mit dem Teig auskleiden. Den Boden mehrmals mit einer Gabel einstechen. Den Boden mit Backpapier belegen, getrocknete Erbsen darauf verteilen und den Boden auf der mittleren Schiene 15 Minuten blindbacken. Aus dem Ofen nehmen, Erbsen und Backpapier entfernen und den Boden abkühlen lassen.

3. Für die Füllung die Aprikosen waschen, halbieren und entsteinen. Mascarpone, Orangenschale, Zucker, Vanillezucker, Salz, Eier und Milch vermengen. Grieß und Backpulver mischen und unter die Mascarponecreme rühren.

4. Den Boden mit den Amaretti auslegen und die Hälfte der Creme darauf streichen. Die Aprikosen mit den Öffnungen nach unten auf der Creme verteilen, die restliche Creme auf die Aprikosen streichen. Den restlichen Teig in Formgröße ausrollen und exakt ausschneiden. Aus dem Teigkreis mit einer Form kleine Sterne oder Monde ausstechen. Die Teigplatte (nicht die ausgestochenen Formen!) vorsichtig auf den Kuchen legen, die Ränder festdrücken.

5. Eigelb mit 2 Teelöffeln Wasser verquirlen und die Kuchenoberfläche damit einpinseln. Mit Mandelstiften bestreuen und auf der mittleren Schiene 1 Stunde backen. Wird die Oberfläche zu dunkel, den Kuchen gegen Ende der Backzeit mit Alufolie abdecken. Den Kuchen in der Form abkühlen lassen, den Rand mit dem Messer lösen und abnehmen. Den Aprikosenkuchen mit Puderzucker bestäubt servieren.

Vorbereitungszeit:
ca. 45 Minuten
Ruhezeit:
30 Minuten
Backzeit:
1 Stunde 15 Minuten

Exotisch

Nektarinen-Kokos-Kuchen

**Für 1 Springform von
26–28 cm Ø**

Für den Teig
- 150 g Mehl
- 50 g Zucker
- 1 Prise Salz
- 1 Ei
- 50 g Kokosraspel
- 80 g Butter

Für den Belag
- 80 ml Kokosmilch
  (aus der Dose)
- 80 g Sahne
- 40 g Zucker
- 1 EL Speisestärke
- 2 Eier
- 500 g Nektarinen
- 3 EL Kokoschips

Außerdem
- Klarsichtfolie zum Ein-
  wickeln und Ausrollen des
  Teiges
- Butter für die Form
- Backpapier und getrocknete
  Erbsen zum Blindbacken

1. Das Mehl mit dem Zucker, Salz, dem Ei, den Kokosraspeln und der in kleine Stückchen geschnittenen Butter zu einem glatten Teig verkneten. Den Teig in Klarsichtfolie wickeln und 1 Stunde in den Kühlschrank legen.

2. Den Backofen auf 200 °C (Gas Stufe 3–4, Umluft 180 °C) vorheizen. Die Springform einfetten. Den Teig zwischen Klarsichtfolie in Größe der Form ausrollen. Den Boden der Form damit belegen und den Rand etwas hoch ziehen. Den Teigboden mit einer Gabel mehrmals einstechen, mit Backpapier und getrockneten Erbsen belegt 15 Minuten blindbacken und abkühlen lassen. Die Backtemperatur auf 180 °C (Gas Stufe 2–3, Umluft 160 °C) reduzieren.

3. Die Kokosmilch mit Sahne, Zucker, Stärke und Eiern verquirlen. Die Nektarinen waschen, trocknen und in Spalten schneiden, dabei die Steine entfernen. Erbsen und Backpapier vom Boden entfernen.

4. Die Nektarinenspalten dachziegelartig in einer Spirale auf den Boden legen. Die Kokoschips darüber streuen, zuletzt den Guss darüber gießen. Den Kuchen auf der mittleren Schiene 30 bis 35 Minuten backen, in der Form abkühlen lassen.

Vorbereitungszeit:
ca. 40 Minuten
Ruhezeit:
1 Stunde
Backzeit:
45–50 Minuten

Variante
Sollten Sie keine Nektarinen bekommen, können Sie auch frische, gehäutete Pfirsiche oder in Spalten geschnittene eingelegte Pfirsiche verwenden.

Serviertipp
Den Kuchen in 15 cm lange, schmale Streifen schneiden und noch lauwarm mit Kokosoder Vanilleeis als Dessert servieren.

*Der Nektarinen-Kokos-
Kuchen (Bild rechts)
schmeckt lauwarm mit
etwas Eis am besten.*

Traditionell

Rhabarberkuchen mit Gitter

Für 1 Springform von 26–28 cm Ø

Für den Teig
- 250 g Mehl
- 100 g Zucker
- 1 Prise Salz
- 1 Ei
- 150 g Butter

Für den Belag
- 600 g Rhabarber
- 130 g Zucker
- 150 ml Weißwein
- 100 g Butter
- 2 Eier
- 1 Vanilleschote
- 1½ EL Speisestärke
- 200 g Sahne

Außerdem
- Klarsichtfolie zum Einwickeln des Teiges
- Butter für die Form
- Mehl für die Arbeitsfläche
- Backpapier und getrocknete Erbsen zum Blindbacken
- 4 EL Puderzucker zum Bestreichen

1. Für den Teig das Mehl in eine Schüssel sieben, Zucker, Salz, Ei und die in Stückchen geschnittene Butter zugeben und alles mit den Händen zu einem glatten Teig verkneten. Den Teig zu einer Kugel formen, in Klarsichtfolie wickeln und 1 Stunde in den Kühlschrank legen.

2. Den Backofen auf 180 °C (Gas Stufe 2–3, Umluft 160 °C) vorheizen. Die Form einfetten. Drei Viertel des Teiges etwas größer als die Formgröße auf der leicht bemehlten Arbeitsfläche ausrollen, Boden und Rand der Form damit auslegen. Den Boden mit einer Gabel mehrmals einstechen, mit Backpapier belegen und getrocknete Erbsen darauf verteilen. Auf der mittleren Schiene 10 Minuten backen, Erbsen und Backpapier entfernen und den Boden abkühlen lassen.

3. Rhabarber dünn schälen und in 2 ½ cm lange Stücke schneiden. Die Rhabarberstücke mit 40 Gramm Zucker und Weißwein 5 Minuten dünsten, abkühlen und gut abtropfen lassen, dabei die Flüssigkeit auffangen. Die Butter mit dem restlichen Zucker und den Eiern schaumig schlagen. Vanilleschote längs aufschlitzen und das

Mark herauskratzen. Mark und Speisestärke mit der Buttermasse verrühren.

4. Die Sahne steif schlagen, unter die Buttermasse ziehen. Die Buttermasse auf den Mürbeboden streichen, darauf die Rhabarberstückchen verteilen. Den restlichen Teig dünn ausrollen und schmale Streifen ausschneiden. Diese gitterartig auf den Kuchen legen, am Rand etwas festdrücken. Den Rhabarberkuchen auf der mittleren Schiene 45 Minuten backen.

5. Den Kuchen aus dem Ofen nehmen, mit einem Messer vorsichtig vom Formrand lösen und den Rand entfernen. Den Puderzucker mit 1 Esslöffel Rhabarbersud verrühren und damit das Teiggitter großzügig bestreichen. Den Guss trocknen lassen und den Rhabarberkuchen abkühlen lassen.

Vorbereitungszeit:
ca. 50 Minuten
Ruhezeit:
1 Stunde
Backzeit:
55 Minuten

Variante
Statt mit Rhabarber schmeckt der Kuchen auch mit in Weißwein gedünsteten Apfelvierteln oder Birnenhälften.

 **Für Gäste**

Erdbeertorte

**Für 1 Springform von
20 cm Ø**

Für den Teig
- 100 g Mehl
- 50 g gemahlene Mandeln
- 30 g Zucker
- 1 Prise Salz
- 1 Eigelb
- 60 g kalte Butter

Für den Belag
- 350 g vollreife Erdbeeren
- 50 g Marzipanrohmasse
- 1 EL Erdbeerkonfitüre
- 40 g Mandelblättchen
- 30 ml Erdbeer- oder
  Granatapfelsirup
- ½ Pck. Tortenguss

Außerdem
- Klarsichtfolie zum Ein-
  wickeln und Ausrollen des
  Teiges
- Butter für die Form
- Backpapier und getrocknete
  Erbsen zum Blindbacken

1. Für den Teig Mehl in eine
Schüssel sieben, Mandeln,
Zucker und Salz darüber
streuen. Das Eigelb in die
Mitte geben und die Butter in
Stückchen darüber verteilen.
Die Zutaten mit den Händen
rasch zu einem glatten Teig
verkneten. Den Teig in Klarsichtfolie wickeln und 1 Stunde in den Kühlschrank legen.

2. Den Backofen auf 180 °C
(Gas Stufe 2–3, Umluft 160 °C)
vorheizen. Die Springform
einfetten. Den Teig zwischen
zwei Lagen Klarsichtfolie ausrollen und Boden und Rand
der Form damit auslegen.
Den Teig mehrmals mit einer
Gabel einstechen, mit Backpapier belegen und getrocknete Erbsen darauf geben.
Den Teig auf der mittleren
Schiene 20 bis 25 Minuten
blindbacken. Den Boden aus
dem Ofen nehmen, Erbsen
und Backpapier entfernen und
den Boden abkühlen lassen.

3. Für den Belag die Erdbeeren abbrausen, Stielansätze
entfernen. Marzipan und Erdbeerkonfitüre in eine Schüssel
geben. Die Hälfte der Mandelblättchen im Blitzzerkleinerer fein hacken, zufügen und
alles zu einer Paste verkneten. Den Tortenboden damit
bestreichen. Restliche Mandelblättchen in der trockenen

Pfanne (ohne Zugabe von Öl)
bei schwacher Hitze leicht
rösten.

4. Den Tortenboden mit den
Erdbeeren belegen. Erdbeer-
oder Granatapfelsirup mit
Wasser auf 125 Milliliter auf-
füllen und mit dem Torten-
gusspulver aufkochen. Den
Guss über die Früchte verteilen und die Mandelblättchen
am Tortenrand aufstreuen.
Die Erdbeertorte 30 Minuten
kalt stellen.

Vorbereitungszeit:
ca. 35 Minuten
Ruhezeit:
1 Stunde
Backzeit:
20–25 Minuten
Kühlzeit:
30 Minuten

Varianten
- Diese fruchtig-frische Torte
  können Sie auch mit anderen
  frischen Beeren oder mit eingelegten Früchten wie Ana-
  nas, Aprikosen oder einer
  Fruchtmischung zubereiten.
- Wollen Sie die Torte in der
  großen Springform (26 bis
  28 cm Ø) backen, verdoppeln
  Sie einfach die Zutaten.

Gut vorzubereiten

Schokoladenkuchen mit Mirabellen

Für 1 Springform von 26–28 cm Ø

Für den Belag
- 400–500 g Mirabellen
- 100 g Pinienkerne

Für den Teig
- 100 g Zartbitterkuvertüre
- 100 g Butter
- 80 g Zucker
- 3 Eier
- 2 cl Mirabellen- oder Birnengeist
- 150 g Mehl
- ½ TL Backpulver
- 1 Prise Salz

Außerdem
- Butter für die Form
- 50 g Kuvertüre zum Garnieren
- Puderzucker zum Bestäuben

1. Die Mirabellen abbrausen, mit dem Kirschentkerner von den Steinen befreien.

2. Den Backofen auf 180 °C (Gas Stufe 2–3, Umluft 160 °C) vorheizen. Die Springform einfetten und kalt stellen. Zartbitterkuvertüre und Butter über dem Wasserbad schmelzen und abkühlen lassen. Die Schokoladenmasse mit dem Zucker schaumig rühren.

3. Die Eier trennen. Die Eigelbe mit dem Mirabellengeist unter die Schokoladenmasse rühren. Mehl mit Backpulver vermischen, über die Masse sieben und unterrühren. Eiweiß mit Salz steif schlagen, den Eischnee unter den Teig ziehen.

4. Die Springform mit den Pinienkernen ausstreuen, diese an Boden und Rand festdrücken. Den Teig in die Form füllen. Die Mirabellen auf den Teig geben und leicht eindrücken. Den Kuchen auf der mittleren Schiene 40 bis 45 Minuten backen. Erst in der Form, dann auf dem Kuchengitter abkühlen lassen.

5. Die Kuvertüre schmelzen und in feinen Linien über den Kuchen träufeln. Die Kuvertüre fest werden lassen und vor dem Servieren den Kuchen leicht mit Puderzucker bestäuben.

Vorbereitungszeit:
ca. 35 Minuten
Backzeit:
40–45 Minuten

Als durch und durch fruchtig entpuppt sich der Schokoladenkuchen mit Mirabellen (Bild rechts).

Tipp

Sie können den Kuchen auch mit Mirabellen aus dem Glas zubereiten. Diese werden beim Backen allerdings sehr weich. Lassen Sie eingelegte Mirabellen immer gut abtropfen, damit der Kuchen nicht durchweicht.

Traditionell

Gedeckter Birnenkuchen

**Für 1 Springform von
26–28 cm Ø**

Für den Teig
- 300 g Mehl
- 1 gestrichener TL Back-
pulver
- 80 g brauner Zucker
- 1 Prise Salz
- 1 Ei
- 125 g Butter

Für die Füllung
- 1 kg feste, säuerliche Birnen
- 70 g brauner Zucker
- Saft von ½ Zitrone
- 1 gestrichener TL Zimt
- ¼ TL gemahlener Piment
- 2 EL Speisestärke
- 100 g Walnusskerne
- 2 cl Birnengeist

Außerdem
- Klarsichtfolie zum Ein-
wickeln des Teiges
- Butter für die Form
- Mehl für die Arbeitsfläche
- 1 Eigelb zum Bestreichen
- 50 g Zartbitterkuvertüre
zum Garnieren
- Puderzucker zum Bestäuben

1. Für den Teig Mehl und Backpulver vermischen und in eine Schüssel sieben. Zucker, Salz, Ei und die Butter in Stückchen dazugeben und alles mit den Händen zu einem glatten Teig verkneten. Den Teig zu einer Kugel formen, in Klarsichtfolie wickeln und 1 Stunde in den Kühlschrank legen.

2. Den Backofen auf 200 °C (Gas Stufe 3–4, Umluft 180 °C) vorheizen. Die Springform einfetten. Für die Füllung die Birnen waschen, schälen, vierteln, die Kerngehäuse entfernen und das Fruchtfleisch in Stücke schneiden. Die Birnenstücke mit Zucker, Zitronensaft, Zimt, Piment und 150 Milliliter Wasser 3 bis 4 Minuten dünsten. Speisestärke in 2 Esslöffeln Wasser auflösen, unter die Birnen rühren und solange bei schwacher Hitze kochen, bis alles angedickt ist. Den Topf vom Herd nehmen, Walnusskerne und Birnengeist unterrühren und alles abkühlen lassen.

3. Ein Drittel des Teiges auf der leicht bemehlten Arbeitsfläche in Formgröße ausrollen und den Boden der Springform damit belegen. Aus einem weiteren Teigdrittel einen 5 cm hohen Rand formen, den Rand der Springform damit auskleiden und am Boden fest andrücken. Den Boden mehrmals mit einer Gabel einstechen und auf der mittleren Schiene 15 Minuten vorbacken.

4. Aus dem restlichen Teig einen runden Deckel in Formgröße ausrollen. Aus den Teigresten kleine Ornamente, z. B. Blättchen oder Früchte, ausstechen. Die Birnenmasse auf den abgekühlten Boden geben. Den Deckel darauf legen und die Ränder leicht andrücken. Das Eigelb mit 1 Teelöffel Wasser verquirlen und den Teigdeckel damit einpinseln. Mit den Ornamenten verzieren, diese ebenfalls mit Eigelb einpinseln.

5. Den Kuchen auf der mittleren Schiene 20 bis 30 Minuten backen. In der Form abkühlen lassen. Den Kuchen vorsichtig aus der Form lösen und auf eine Tortenplatte setzen. Kuvertüre schmelzen und in dünnen Linien über dem Kuchen verteilen. Trocknen lassen und mit Puderzucker bestäubt servieren.

Vorbereitungszeit:
ca. 1 Stunde
Ruhezeit:
1 Stunde
Backzeit:
35–45 Minuten

Traditionell

Normannischer Apfelkuchen

Für 1 Tarteform von 28–30 cm Ø

Für den Teig
- 125 g Mehl
- 75 g Butter
- 40 g Puderzucker
- 1 Ei
- 1 Prise Salz

Für den Belag
- 500 g säuerliche, mürbe Äpfel
- 1 EL Zucker
- 2 EL Zitronensaft
- 4 cl Calvados
- 30 g flüssige Butter

Außerdem
- Butter und Mehl für die Form
- Sahne und Zucker zum Servieren

1. Den Backofen auf 180 °C (Gas Stufe 2–3, Umluft 160 °C) vorheizen. Das Mehl mit der Butter, Puderzucker, Ei und Salz mit den Quirlen des elektrischen Handrührgerätes zu einem weichen Teig verarbeiten.

2. Die Form einfetten und dünn mit Mehl ausstäuben. Den Teig in die Form füllen und den Rand etwas hoch ziehen. Den Teigboden mit einer Gabel mehrmals einstechen. Auf der mittleren Schiene 15 Minuten vorbacken, aus dem Ofen nehmen und abkühlen lassen.

3. Die Äpfel waschen, schälen und die Kerngehäuse entfernen. Äpfel in dünne Spalten schneiden, die Spalten fächerartig in einer Spirale auf den Boden legen. Zucker, Zitronensaft, Calvados und Butter vermischen und darüber geben.

4. Den Kuchen auf der mittleren Schiene 30 Minuten backen. Abkühlen lassen und noch lauwarm mit halbsteif geschlagener, leicht gesüßter Sahne servieren.

Vorbereitungszeit:
ca. 25 Minuten
Backzeit:
45 Minuten

Serviertipp
Ist der Kuchen für Erwachsene bestimmt, können Sie ihn flambieren – das wirkt besonders bei Dunkelheit sehr eindrucksvoll. Dazu erwärmen Sie etwa 5 Zentiliter Calvados in einem Pfännchen und gießen ihn gleichmäßig über den Kuchen. Sofort anzünden und vorsichtig flambieren, ohne den Kuchen anzubrennen.

 **Das mögen Kinder**

Heidelbeer-Clafoutis

Für 1 Tarteform von 26 cm Ø

- 500 g Heidelbeeren
- 1 Vanilleschote
- 3 Eier
- 4 EL Puderzucker
- 1 Prise Salz
- 100 ml Milch
- 4 EL Mehl

Außerdem
- Butter für die Form

1. Den Backofen auf 220 °C (Gas Stufe 4–5, Umluft 200 °C) vorheizen. Die Tarteform einfetten. Heidelbeeren waschen, verlesen und die Stiele entfernen. Die Beeren in einem Sieb abtropfen lassen.

2. Die Vanilleschote längs aufschlitzen und mit einem spitzen Messer das Mark herauskratzen. Die Eier mit 2 Esslöffeln Puderzucker, Vanillemark und dem Salz kräftig verrühren. Die Milch unterrühren, dann das Mehl darüber sieben und unterrühren. Die abgetropften Heidelbeeren auf dem Formboden verteilen und den Teig darüber gießen.

3. Den Clafoutis auf der mittleren Schiene 30 bis 40 Minuten backen. Nach 15 Minuten Backzeit den restlichen Puderzucker über den Kuchen stäuben und fertig backen.

4. Den Kuchen aus dem Ofen nehmen, abkühlen lassen und von dem noch lauwarmen Clafoutis mit einem großen Löffel Portionen abnehmen.

Vorbereitungszeit:
ca. 15 Minuten
Backzeit:
30–40 Minuten

Varianten
- In Frankreich wird der Clafoutis ganz klassisch mit schwarzen Kirschen gebacken.
- Mit Himbeeren, Sauerkirschen, Pflaumen oder Äpfeln schmeckt dieser auflaufartige Kuchen ebenfalls ganz hervorragend.

Serviertipp
Servieren Sie jede Portion mit 1 Kugel Vanilleeis und krönen Sie diese süße Verführung mit einem Klecks halbsteif geschlagener Sahne.

Der Heidelbeer-Clafoutis (Bild rechts) ist eine leicht abgewandelte Spezialität aus Frankreich.

Tipp

Wenn Sie tiefgefrorene Früchte verwenden, diese nicht auftauen lassen, sondern gefroren in die Form geben und sofort mit Teig bedeckt backen. So ist der Teig schon leicht gebacken, bis die Früchte auftauen und ihren Saft abgeben, und der Clafoutis wird nicht zu feucht.

 **Gut vorzubereiten**

Brombeercrumble-Pie

Für 1 hohe Back- oder Auflaufform von 30 cm Ø

Für den Teig
- 60 g kalte Butter
- 40 g Puderzucker
- ½ Vanilleschote
- 1 Eigelb
- 120 g Mehl

Für den Belag
- 600 g Brombeeren
- 3 Pfirsiche
- 40 g Zucker
- 1 Prise gemahlene Muskatblüte
- 2 EL Zitronensaft

Für die Streusel
- 100 g Zucker
- 100 g Mehl
- je 30 g gemahlene Mandeln und Haselnüsse
- ½ TL abgeriebene Schale von 1 unbehandelten Zitrone
- 1 Ei
- 1 cl Cognac
- 170 g eiskalte Butter
- 40 g Pinienkerne

Außerdem
- Klarsichtfolie zum Einwickeln des Teiges
- Butter für die Form
- Mehl für die Arbeitsfläche
- Backpapier und getrocknete Erbsen zum Blindbacken
- Sahne und Vanillezucker zum Servieren

1. Für den Teig die Butter mit dem Puderzucker verkneten. Von der Vanilleschote das Mark mit einem spitzen Messer herauskratzen. Eigelb und Vanillemark unter die Butter kneten, das Mehl übersieben. Das Mehl mit reibenden Handbewegungen unterarbeiten, dass kein glatter Teig, sondern Brösel entstehen. Erst dann die Brösel zu einem glatten Teig verkneten. Den Teig in Klarsichtfolie wickeln und 2 Stunden in den Kühlschrank legen.

2. Den Backofen auf 180 °C (Gas Stufe 2–3, Umluft 160 °C) vorheizen. Die Form einfetten. Den Teig auf der leicht bemehlten Arbeitsfläche ausrollen und die Form damit auslegen. Den Teig mit Backpapier abdecken und mit getrockneten Erbsen belegt 10 Minuten blindbacken. Erbsen und Backpapier wieder entfernen.

3. Die Brombeeren abbrausen, verlesen und gut abtropfen lassen. Die Pfirsiche mit kochend heißem Wasser überbrühen, häuten, in Spalten schneiden, dabei die Steine entfernen. Die Früchte mit Zucker, Muskatblüte und Zitronensaft vermengen und auf dem abgekühlten Boden verteilen.

4. Für die Streusel Zucker, Mehl, Mandeln, Haselnüsse und Zitronenschale in einer Schüssel mischen und auf die Arbeitsfläche häufen. Ei, Cognac und die Butter in Stückchen darüber verteilen. Alles mit einem großen Messer rasch durchhacken, so dass grobe Streusel entstehen. Pinienkerne zugeben und alles noch ganz kurz mit den Händen reibend verkneten.

5. Die Streusel auf den Früchten verteilen und die Crumble-Pie auf der mittleren Schiene 25 Minuten backen, bis die Streusel goldbraun sind. Die Pie aus dem Ofen nehmen, leicht abkühlen lassen und noch lauwarm mit halbsteif geschlagener Vanillesahne servieren.

Vorbereitungszeit:
ca. 45 Minuten
Ruhezeit:
2 Stunden
Backzeit:
35 Minuten

Tipp

Den Boden bereits am Vortag backen. Die Streusel ebenfalls verkneten, aber nicht backen, und in einem Frischhaltebeutel im Kühlschrank aufbewahren.

Traditionell

Marillenbuchteln

Für 1 Springform von 26–28 cm Ø

Für den Teig
- 400 g Mehl
- 1 Prise Salz
- 1 Würfel frische Hefe (42 g)
- 50 g Zucker
- 200 ml lauwarme Milch
- 60 g Butter
- 2 kleine Eier

Für die Füllung
- 125 g gemahlene Haselnüsse
- 40 g Honig
- ½ TL Zimt
- 25 ml Milch
- 20 Marillen (Aprikosen)

Außerdem
- Butter für die Form
- Mehl zum Formen
- Milch zum Einpinseln

1. Mehl mit Salz in eine Schüssel sieben. Eine Mulde eindrücken, die Hefe hineinbröckeln, Zucker darüber streuen und mit 100 Milliliter Milch verrühren. Etwas Mehl vom Rand darüber streuen und den Vorteig zugedeckt an einem warmen Ort gehen lassen, bis die Hefe aufgeht und das Mehl Risse zeigt.

2. Butter schmelzen, lauwarm mit den Eiern auf das Mehl geben und alles von der Mitte aus verrühren. Nach und nach 100 Milliliter Milch zugießen. Zuletzt den Teig gründlich durchkneten und zugedeckt erneut gehen lassen, bis sich das Teigvolumen fast verdoppelt hat.

3. Den Backofen auf 200 °C (Gas Stufe 3–4, Umluft 180 °C) vorheizen. Die Form einfet-

ten. Für die Füllung Haselnüsse mit Honig, Zimt und Milch erwärmen und abkühlen lassen. Die Marillen waschen, abtrocknen, halbieren und entsteinen.

4. Den Teig durchkneten, zu einer Rolle formen und diese in 40 gleich große Stücke teilen. Jedes Stück mit leicht bemehlten Händen zu einer Kugel formen, zu einem Kreis ausrollen, mit etwas Nussmasse und 1 Marillenhälfte belegen. Den Teig darüber zu einer Kugel schließen.

5. Alle Kugeln dicht nebeneinander in die Form setzen und mit Milch einpinseln. Die Buchteln zugedeckt weitere 10 Minuten gehen lassen. Auf der mittleren Schiene 25 bis 30 Minuten backen.

Vorbereitungszeit:
ca. 50 Minuten
Ruhezeit:
ca. 45 Minuten
Backzeit:
25–30 Minuten

Klassisches und Neues vom großen Blech

Nicht nur Traditionelles macht sich gut auf dem großen Kuchenblech. Auch neue Kreationen, mit aromatischen Früchten belegt und lockerer Creme gefüllt, verleiten Ihre Familie und Ihre Gäste garantiert zum Schlemmen.

Traditionell

Zwetschgendatschi

Für 1 Backblech

Für den Teig
- 1 Würfel frische Hefe (42 g)
- 200 ml lauwarme Milch
- 500 g Mehl
- 50 g Zucker
- 1 Prise Salz
- 1 Ei
- 1 Eigelb
- 70 g weiche Butter
- 1 EL Rum
- abgeriebene Schale von
  1 unbehandelten Zitrone

Für den Belag
- 1,7 kg reife Zwetschgen
- 1 altbackenes Brötchen
- 100 g Zucker
- 2 TL Zimt

Außerdem
- Butter für das Blech
- Mehl für die Arbeitsfläche

*Zwetschgendatschi
(Bild Seite 32/33) schmeckt
einfach himmlisch gut,
ob mit oder ohne Sahne.*

1. Für den Teig die Hefe in der Milch auflösen. Mehl in eine große Schüssel sieben und mit der Milchmischung, Zucker, Salz, Ei, Eigelb, Butter, Rum und Zitronenschale mit den Knethaken des elektrischen Handrührgerätes zu einem weichen Teig verarbeiten. Den Teig zugedeckt an einem warmen Ort etwa 30 Minuten gehen lassen, bis sich sein Volumen fast verdoppelt hat.

2. Die Zwetschgen waschen und oben und unten kreuzweise einschneiden. An den Narben entlang einschneiden, ohne die Zwetschgen zu halbieren. Die Zwetschgen vorsichtig aufklappen und die Steine entfernen.

3. Das Backblech einfetten. Den Teig mit den Händen kräftig kneten und weitere 10 Minuten gehen lassen. Den Teig auf der leicht bemehlten Arbeitsfläche auf Blechgröße ausrollen. Das Blech damit belegen und den Teigrand etwas hoch ziehen.

4. Das Brötchen im Blitzzerkleinerer fein hacken und über den Teig streuen. Die Zwetschgen mit den Öffnungen nach oben dachziegelartig auf den Teig legen. Den Datschi zugedeckt 15 Minuten gehen lassen. Den Backofen auf 220 °C (Gas Stufe 4–5, Umluft 200 °C) vorheizen.

5. Zucker und Zimt vermischen und die Hälfte über die Zwetschgen streuen. Den Kuchen auf der unteren Schiene 35 bis 40 Minuten backen. Den Zwetschgendatschi aus dem Ofen nehmen und mit dem restlichen Zimtzucker bestreuen.

Vorbereitungszeit:
ca. 50 Minuten
Ruhezeit:
ca. 55 Minuten
Backzeit:
35–40 Minuten

Variante
Köstlich schmeckt der Datschi auch mit Streuseln. Zerkrümeln Sie dafür je 50 Gramm Butter und Zucker mit 1 Päckchen Vanillezucker und 100 Gramm Mehl zwischen den Händen, bis die gewünschte Streuselkonsistenz erreicht ist. Legen Sie die Streusel 20 Minuten in den Kühlschrank, und streuen Sie sie unmittelbar vor dem Backen über den Datschi.

Serviertipp
Den Zwetschgendatschi lauwarm mit ungesüßter Schlagsahne servieren.

 **Das mögen Kinder**

Kirschkäsekuchen

Für 1 Backblech

Für den Teig
- 400 g Mehl
- 120 g Zucker
- 1 Prise Salz
- ½ TL Zimt
- 150 g ka te Butter
- 2 Eier

Für den Belag
- 500 g Sauerkirschen
- 500 g Herzkirschen
- (ersatzweise 2 Gläser Sauerkirschen, je 350 g Abtropfgewicht)
- 150 g Butter
- 1½ kg Schichtkäse
- 200 g Zucker
- abgeriebene Schale von 1 unbehandelten Zitrone
- 2 Pck. Vanillezucker
- 6 Eier
- 2 Pck. Vanillepuddingpulver
- 1 Prise Salz
- 100 g Mandelstifte

Außerdem
- Klarsichtfolie zum Einwickeln des Teiges
- Backpap er für das Blech
- Mehl für die Arbeitsfläche
- Puderzucker zum Bestäuben

1. Für den Teig Mehl, Zucker, Salz und Zimt in eine große Schüssel geben. Die Butter in Stücke schneiden und mit den Eiern in die Schüssel geben. Alles mit den Händen rasch zu einem glatten Teig verkneten und in Klarsichtfolie wickeln. Den Teig 2 Stunden kalt stellen.

2. Den Backofen auf 180 °C (Gas Stufe 2–3, Umluft 160 °C) vorheizen. Das Blech mit Backpapier auslegen. Den Teig auf der bemehlten Arbeitsfläche etwa in Blechgröße ausrollen, dann auf das Backblech legen und darauf passend ausrollen. Den Teig mit einer Gabel mehrmals einstechen und auf der mittleren Schiene 12 Minuten vorbacken.

3. Für den Belag die Kirschen abbrausen, die Stiele entfernen und die Kirschen entkernen. Kirschen aus dem Glas abtropfen lassen. Die Butter schmelzen und etwas abkühlen lassen. Den Schichtkäse mit Butter, Zucker, Zitronenschale und Vanillezucker in eine Schüssel geben.

4. Eier trennen, Eigelbe und Puddingpulver zu den anderen Zutaten in die Schüssel geben und alles mit den Knethaken des elektrischen Hand-

rührgerätes verrühren. Eiweiß mit Salz steif schlagen. Den Eischnee portionsweise mit einem großen Schneebesen unter die Käsecreme ziehen.

5. Die Käsecreme auf dem abgekühlten Boden verteilen und glatt streichen. Die Kirschen darauf verteilen und leicht andrücken, die Mandelstifte darüber streuen. Den Kuchen auf der mittleren Schiene 65 bis 70 Minuten backen, bis die Oberfläche goldbraun ist. Auf dem Blech abkühlen lassen und vor dem Servieren leicht mit Puderzucker bestäuben.

Vorbereitungszeit:
ca. 50 Minuten
Ruhezeit:
2 Stunden
Backzeit:
ca. 1 Stunde 20 Minuten

Tipp

Die Kirschen entkernen Sie am einfachsten mit einem speziellen Kirschentkerner – er bewährt sich auch bei Mirabellen und Oliven bestens. Kirschen aus dem Glas sollten Sie vorsichtshalber auf Kerne untersuchen.

Traditionell

Eierschecke

Für 1 hohes Backblech

Für den Teig
- 1 Würfel frische Hefe (42 g)
- 250 ml lauwarme Milch
- 500 g Mehl
- 3 EL Zucker
- 1 Prise Salz
- 80 g flüssige Butter
- 1 Ei

Für den Belag
- 750 g Magerquark
- 100 g Zucker
- 70 g flüssige Butter
- 3 Eier
- abgeriebene Schale von 1 unbehandelten Zitrone
- 100 g Rosinen

Für den Guss
- 6 Eier
- 100 g flüssige Butter
- 100 g Zucker
- 2 EL Rum
- 1 ½ EL Mehl
- 1 Prise Salz

Außerdem
- Mehl für die Arbeitsfläche
- Backpapier für das Blech und zum Abdecken nach Bedarf

Die Eierschecke (Bild rechts) besitzt ein cremig-zartes Innenleben.

1. Die Hefe in der Milch auflösen. Mehl in eine große Schüssel sieben, Zucker und Salz darüber streuen. Butter, Ei und die Hefemilch dazugeben und alles mit den Knethaken des elektrischen Handrührgerätes solange kneten, bis sich der Teig von der Schüssel löst.

2. Den weichen Teig zugedeckt an einem warmen Ort 30 Minuten gehen lassen. Auf der leicht bemehlten Arbeitsfläche 5 Minuten kneten und schlagen, bis der Teig elastisch ist und Blasen wirft. Zugedeckt gehen lassen, bis sich sein Volumen verdoppelt hat.

Tipps

Wer die Teigschicht gerne dünner mag, verwendet nur zwei Drittel des Hefeteiges für den Boden und bäckt aus dem Teigrest leckere Milchbrötchen.
Wenn es schnell gehen soll, können Sie die Eierschecke auch mit 900 Gramm fertigem Hefeteig aus der Tiefkühltruhe zubereiten. Dazu den Teig nach Packungsanleitung auftauen und auf Blechgröße ausrollen. Weiter verfahren wie im Rezept beschrieben.

3. Das Backblech mit Backpapier auslegen. Den Teig auf Blechgröße ausrollen, das Blech damit auslegen und den Rand etwas hoch ziehen. Den Teig zugedeckt weitere 15 Minuten gehen lassen.

4. Den Backofen auf 180 °C (Gas Stufe 2–3, Umluft 160 °C) vorheizen. Für den Belag den Quark mit Zucker, Butter, Eiern und Zitronenschale verrühren. Für den Guss die Eier trennen. Eigelbe, Butter, Zucker und Rum schaumig rühren, das Mehl untermischen. Eiweiß mit Salz steif schlagen und den Eischnee unter die Eiermasse heben.

5. Den Quarkbelag auf den vorbereiteten Teigboden streichen und die Rosinen darüber streuen. Den Eierguss auf den Quark geben und glatt streichen. Die Eierschecke auf der mittleren Schiene 45 Minuten backen. Sollte der Belag zu dunkel werden, den Kuchen mit Backpapier abdecken. Die Eierschecke auf dem Blech vollständig abkühlen lassen, erst dann in Stücke schneiden.

Vorbereitungszeit:
ca. 55 Minuten
Ruhezeit:
ca. 1 Stunde
Backzeit:
45 Minuten

 **Für Gäste**

Italienischer Ricottakuchen

Für 1 Backblech

Für den Teig
- 250 g Mehl
- 150 g weiche Butter
- 80 g Puderzucker
- 2 Eier
- 1 Prise Salz

Für den Belag
- 750 g weicher Kuhmilch-Ricotta
- 100 g Zucker
- 5 Eier
- 5 cl Maraschino oder Grand Marnier
- 200 g gemischte kandierte Früchte in Würfeln
- 100 g gehackte Haselnüsse
- 150 g Schokotropfen
- 1 Prise Salz
- 50 g Butter

Außerdem
- Backpapier für das Blech

1. Den Backofen auf 180 °C (Gas Stufe 2–3, Umluft 160 °C) vorheizen. Für den Teig das Mehl mit Butter, Puderzucker, Eiern und Salz mit den Quirlen des elektrischen Handrührgerätes zu einer weichen Masse verarbeiten.

2. Das Blech mit Backpapier auslegen und den sehr weichen Teig darauf streichen, dabei den Rand etwas hoch ziehen – das geht am besten mit leicht angefeuchteten Händen. Den Teigboden mit einer Gabel mehrmals einstechen. Den Teig auf der mittleren Schiene 15 Minuten vorbacken, aus dem Ofen nehmen und abkühlen lassen.

3. Für den Belag Ricotta mit dem Zucker in eine Schüssel geben. Die Eier trennen, die Eigelbe mit dem Likör in die Schüssel geben und alles zu einer glatten Creme verrühren. Die kandierten Früchte im Blitzzerkleinerer grob hacken. Die Nüsse in der trockenen Pfanne (ohne Zugabe von Öl) rösten und zusammen mit den Schokotropfen unter die Käsecreme rühren.

4. Eiweiß mit Salz steif schlagen, den Eischnee vorsichtig unter die Käsecreme heben. Die Creme auf dem vorgebackenen Boden verteilen und glatt streichen. Die Butter schmelzen und darüber träufeln. Den Kuchen auf der mittleren Schiene 40 bis 45 Minuten backen, auf dem Blech abkühlen lassen und in Stücke schneiden.

Vorbereitungszeit:
ca. 45 Minuten
Backzeit:
55–60 Minuten

Tipp

Wenn Sie keine fertig gemischten, gewürfelten kandierten Früchte bekommen, können Sie sich auch selbst eine Mischung zusammenstellen. Dafür je 50 Gramm Zitronat und Orangeat mischen, je 50 Gramm Amarenakirschen und kandierte Pflaumen in kleine Würfel schneiden und zu den Zitrusfrüchten geben. Nach Bedarf im Blitzzerkleinerer hacken.

Traditionell

Gefüllter Bienenstich

Für 1 Backblech

Für den Teig
- 500 g Mehl
- 6 EL Zucker
- ½ TL Salz
- abgeriebene Schale von 1 unbehandelten Zitrone
- 200 ml Milch
- 1 Würfel frische Hefe (42 g)
- 60 g Butter

Für den Belag
- 140 g Butter
- 250 g Honig
- 50 g Sahne
- 300 g Mandelblättchen

Für die Füllung
- 1 l Milch
- 2 Pck. Vanillepuddingpulver
- 2 Pck. Vanillezucker
- 2 Eigelbe
- 6 EL Zucker
- 60 g Butter
- 200 g Sahne
- 1 Pck. Sahnesteif

Außerdem
- Butter für das Blech
- Mehl für die Arbeitsfläche

1. Mehl in eine Schüssel sieben. 4 Esslöffel Zucker, Salz und Zitronenschale hinzufügen. Eine Mulde in das Mehl drücken. Die Milch leicht erwärmen, Hefe mit 2 Esslöffeln Zucker darin auflösen und in die Mulde gießen. Leicht mit Mehl vom Rand bestreuen und zugedeckt gehen lassen, bis die Hefe blasig aufgeht.

2. Die Butter schmelzen und lauwarm auf das Mehl gießen. Alles von der Mitte aus gründlich verrühren und zu einem weichen Teig verkneten. Diesen zugedeckt 30 Minuten warm stellen und gehen lassen.

3. Das Blech einfetten. Den Teig auf einer bemehlten Fläche ausrollen und das Blech damit auslegen. Den Teig zugedeckt nochmals 10 Minuten gehen lassen. Den Backofen auf 200 °C (Gas Stufe 3–4, Umluft 180 °C) vorheizen.

4. Für den Belag Butter, Honig und Sahne aufkochen und die Mandeln unterrühren. Die Masse etwas abkühlen lassen und auf dem Teig verstreichen. Den Kuchen auf der mittleren Schiene 35 bis 40 Minuten backen. Nach 20 bis 25 Minuten mit Backpapier abdecken, damit die Oberfläche nicht zu dunkel wird.

5. Nach dem Backen den Kuchen kurz abkühlen lassen. Für die Füllung von der Milch 8 Esslöffel abnehmen und Puddingpulver, Vanillezucker und Eigelbe darin glatt rühren.

6. Die restliche Milch mit 4 Esslöffeln Zucker aufkochen, vom Herd nehmen und die Pulvermischung mit dem Schneebesen einrühren. Den Pudding einmal aufkochen und leicht abkühlen lassen. Die Butter unterrühren. Den Pudding unter gelegentlichem Rühren erkalten lassen.

7. Sahne mit Sahnesteif und 2 Esslöffeln Zucker steif schlagen und unter den kalten Pudding ziehen. Den Kuchen waagerecht halbieren. Den unteren Boden mit der Puddingcreme bestreichen. Den zweiten Boden darauf legen. Vor dem Servieren den Kuchen 30 Minuten kühl stellen.

Vorbereitungszeit:
ca. 1 Stunde
Ruhezeit:
ca. 1 Stunde
Backzeit:
20–25 Minuten
Kühlzeit:
30 Minuten

 **Das mögen Kinder**

Schneewittchenschnitten

Für 1 hohes Backblech

Für den Teig
- 150 g Butter oder Margarine
- 100 g Zucker
- 1 Pck. Vanillezucker
- 1 Prise Salz
- 4 Eier
- 6 EL Nussnougatcreme
- 300 g Mehl
- 1½ TL Backpulver
- 3–4 EL Milch nach Bedarf

Für den Belag
- 2 Gläser Sauerkirschen (je 350 g Abtropfgewicht)
- 750 g Magerquark
- 100 g Zucker
- 1 Pck. Vanillezucker
- 6 Blatt weiße Gelatine
- 500 g Sahne
- 2 Pck. Tortenguss

Außerdem
- Backpapier für das Blech

1. Den Backofen auf 180 °C (Gas Stufe 2–3, Umluft 160 °C) vorheizen. Das Backblech mit Backpapier auslegen. Butter oder Margarine mit Zucker, Vanillezucker und Salz schaumig schlagen. Nach und nach die Eier und die Nussnougatcreme unterrühren.

2. Mehl und Backpulver mischen und über den Teig sieben, mit der Milch unterrühren. Sollte der Teig zu fest sein, etwas mehr Milch hinzufügen. Den Teig auf das Blech streichen und auf der mittleren Schiene 20 bis 25 Minuten backen, abkühlen lassen.

3. Für den Belag die Kirschen abtropfen lassen, den Saft auffangen. Quark mit Zucker und Vanillezucker verrühren, bis sich der Zucker aufgelöst hat. Die Gelatine in kaltem Wasser einweichen, tropfnass bei schwacher Hitze auflösen und unter die Quarkcreme rühren. Die Sahne steif schlagen und vorsichtig unter die Creme ziehen.

4. Die Kirschen auf dem Teig verteilen und die Quarkcreme darauf glatt verstreichen. Von dem Kirschsaft 500 Milliliter abmessen (eventuell mit Wasser verdünnen). Daraus einen Tortenguss nach Packungsanleitung kochen und abkühlen lassen. Den Tortenguss lauwarm über die Quarkcreme verteilen. Den Kuchen an einem kühlen Ort 1 Stunde fest werden lassen. Den Kuchen mit einem in heißes Wasser getauchten Messer in Schnitten teilen.

Vorbereitungszeit:
ca. 50 Minuten
Backzeit:
20–25 Minuten
Kühlzeit:
1 Stunde

Schneewittchenschnitten (Bild rechts) kommen immer an – bei Groß und Klein.

Tipp

Falls keine Kinder mitessen, können Sie den Teigboden zum Aromatisieren noch mit etwas Kirschwasser tränken.

 **Für Gäste**

Spiegeleierkuchen mit Pfirsichen

Für 1 Backblech

Für den Teig
- 250 g weiche Butter
- 200 g Zucker
- 1 Prise Salz
- 4 Eier
- 6 EL Milch
- 400 g Mehl
- 2 gestrichene TL Backpulver

Für den Belag
- 200 g Pfirsich- oder Aprikosenkonfitüre
- 2 EL Maracuja- oder Orangensaft
- 150 g Crème double
- 5 EL Schlagsahne
- 2 EL Puderzucker
- 480 g halbierte Pfirsiche aus der Dose

Außerdem
- Butter für das Blech

1. Den Backofen auf 180 °C (Gas Stufe 2–3, Umluft 160 °C) vorheizen. Das Blech einfetten. Die Butter mit Zucker und Salz schaumig rühren. Nach und nach Eier und Milch unterrühren. Mehl und Backpulver vermischen, über die Eiermasse sieben und unterrühren.

2. Den Teig gleichmäßig auf das Blech streichen und auf der mittleren Schiene 35 bis 40 Minuten backen.

3. In der Zwischenzeit die Aprikosenkonfitüre durch ein Sieb in einen kleinen Topf streichen, Maracujasaft unterrühren und erwärmen. Den heißen Kuchen damit einpinseln und erkalten lassen.

4. Crème double mit Sahne und Puderzucker verrühren. Die Pfirsiche abtropfen lassen. Crème double als Kleckse wie Eiweiß von Spiegeleiern auf dem Kuchen verteilen. Die Pfirsichhälften wie Dotter darauf setzen.

Vorbereitungszeit:
ca. 30 Minuten
Backzeit:
35–40 Minuten

Tipp

Die Crème double und die Pfirsiche so auf dem Kuchen verteilen, dass nach dem Aufschneiden auf jedem Stück ein »Spiegelei« liegt.

Traditionell

Streusel- und Butterkuchen auf einem Blech

Für 1 Backblech

Für den Teig
- 400 g Mehl
- 1 Prise Salz
- abgeriebene Schale von 1 unbehandelten Zitrone
- 50 g Zucker
- 1 Würfel frische Hefe (42 g)
- 175 ml lauwarme Milch
- 80 g Butter
- 1 Ei

Für die Streuselkuchen-Auflage
- 200 g Mehl
- 100 g kalte Butter
- 1 Prise Salz
- 50 g Zucker
- ½ Pck. Vanillezucker

Für die Butterkuchen-Auflage
- 130 g Butter
- 50 g Zucker
- 40 g Mandelblättchen

Außerdem
- Butter für das Blech
- Mehl für die Arbeitsfläche

1. Das Mehl mit dem Salz in eine Schüssel sieben. Zitronenschale und die Hälfte des Zuckers darüber streuen. In die Mitte des Mehls eine Mulde drücken. Hefe mit dem übrigen Zucker und 50 Milliliter Milch glatt rühren und in die Mulde gießen. Leicht mit Mehl vom Rand bestreuen. Den Vorteig zugedeckt an einem warmen Ort gehen lassen, bis die Hefe blasig aufgeht.

2. Die Butter schmelzen und lauwarm mit dem Ei auf den Mehlrand geben. Alles von der Mitte aus verrühren, dabei langsam die übrige Milch zugießen. Den Teig gut durchkneten und zugedeckt an einem warmen Ort gehen lassen, bis sich das Teigvolumen ungefähr verdoppelt hat.

3. Das Backblech einfetten. Den Teig auf der leicht bemehlten Arbeitsfläche auf Blechgröße ausrollen. Den Teig auf das Blech legen und zugedeckt weitere 15 Minuten gehen lassen.

4. Den Backofen auf 180 °C (Gas Stufe 2–3, Umluft 160 °C) vorheizen. Für die Streusel Mehl, Butter, Salz, Zucker und Vanillezucker mit den Fingern zu Streuseln verkneten. Die eine Hälfte des Teiges mit den Streuseln bestreuen.

5. Auf die andere Teighälfte in gleichen Abständen mit Zeige- und Mittelfinger kleine, tiefe Mulden eindrücken. Die Butter in Flöckchen in die Mulden setzen. Den Zucker mit den Mandelblättchen auf dieser Teighälfte verteilen.

6. Den Kuchen auf der mittleren Schiene in 20 bis 25 Minuten goldgelb backen. Den Kuchen leicht abkühlen lassen, auf ein Backgitter schieben und völlig erkalten lassen.

Vorbereitungszeit:
ca. 50 Minuten
Ruhezeit:
ca. 1 Stunde
Backzeit:
20–25 Minuten

Variante

Für ein halbes Blech Mandel-Zimt-Streuselkuchen vermischen Sie 1 Teelöffel Zimt mit dem Mehl für die Streusel. Streuen Sie zuerst die Streusel, dann 50 Gramm gehackte Mandeln auf den Teig. Die Streusel leicht andrücken und den Kuchen wie beschrieben backen.

Exotisch

Aprikosen-Feigen-Schnitten mit Mascarponecreme

Für 1 Backblech

Für den Teig
- 400 g Weizenmehl Type 1050
- 2 gestrichene TL Backpulver
- 200 g Magerquark
- 100 g Zucker
- 1 Prise Salz
- 150 ml Milch
- 8 EL Sonnenblumenöl

Für den Belag
- 800 g Aprikosen
- 4 frische Feigen
- 500 g Mascarpone
- 4 Eier
- 100 g Zucker
- 2 Pck. Vanillezucker
- 50 g kandierter Ingwer
- 1 TL Ingwerpulver
- 2 ½ EL Speisestärke
- 50 g Mandelblättchen

Außerdem
- Backpapier für das Blech
- Mehl für die Arbeitsfläche

1. Das Backblech mit Backpapier auslegen. Für den Teig alle Zutaten in einer Schüssel erst mit den Knethaken des elektrischen Handrührgerätes, dann mit den Händen zu einem glatten, elastischen Teig verarbeiten. Den Teig auf der leicht bemehlten Arbeitsfläche in Blechgröße ausrollen und auf das Blech legen, den Rand andrücken. Den Backofen auf 180 °C (Gas Stufe 2–3, Umluft 160 °C) vorheizen.

2. Für den Belag die Aprikosen waschen und in Spalten schneiden, dabei die Steine entfernen. Die Feigen abbrausen, Stiele abschneiden und die Früchte in Spalten schneiden. Den Mascarpone mit Eiern, Zucker und Vanillezucker verrühren. Den Ingwer fein hacken, mit dem Ingwerpulver und der Speisestärke unter die Creme mischen.

3. Die Mascarponecreme auf den Teig streichen, dann die Früchte schuppenartig in Streifen darauf legen. Die Mandelblättchen darüber streuen. Den Kuchen auf der mittleren Schiene 40 bis 50 Minuten backen. Den Aprikosen-Feigen-Kuchen aus dem Ofen nehmen, abkühlen lassen und in Stücke schneiden.

Vorbereitungszeit:
ca. 35 Minuten
Backzeit:
40–50 Minuten

Variante
Wer den Geschmack von Ingwer nicht so gerne mag, kann die Mascarponecreme auch mit Marzipan verfeinern. Dafür die Mascarponecreme mit nur 70 Gramm Zucker zubereiten. 100 Gramm Marzipanrohmasse mit 4 bis 5 Tropfen Bittermandelaroma vermengen und unter die Mascarponecreme arbeiten.

Aprikosen-Feigen-Schnitten mit Mascarponecreme (Bild rechts) verwöhnen Ihren Gaumen.

Traditionell

Donauwellen

Für 1 Backblech

Für den Teig
- 375 g weiche Butter
- 250 g Zucker
- 6 Eier
- 250 g Mehl
- 2 leicht gehäufte TL Backpulver
- 2 EL gehackte Mandeln
- 4 EL dunkles Kakaopulver
- 1 Glas Sauerkirschen
(350 g Abtropfgewicht)

Für den Belag
- 1 Pck. Vanillepuddingpulver
- 500 ml Milch
- 20 g Zucker
- 1 Pck. Vanillezucker
- 150 g weiche Butter
- 4 EL Puderzucker
- 200 g Zartbitterkuvertüre
- 2 EL Sahne
- 40 g Kokosfett

Außerdem
- Butter für das Blech

1. Die Butter mit dem Zucker schaumig rühren, bis sich der Zucker aufgelöst hat. Nach und nach die Eier unterrühren. Mehl und Backpulver vermischen, nach und nach über die Eiermasse sieben und unterrühren.

2. Den Backofen auf 180 °C (Gas Stufe 2–3, Umluft 160 °C) vorheizen. Das Blech einfetten. Den Teig halbieren. Unter eine Teighälfte die Mandeln, unter die andere das Kakaopulver rühren.

3. Den hellen Teig gleichmäßig auf das Blech streichen. Den dunklen Teig darüber geben und ebenfalls glatt streichen. Die Kirschen abtropfen lassen und auf dem Teig verteilen. Den Kuchen auf der mittleren Schiene 30 Minuten backen und auf dem Blech erkalten lassen.

4. Das Puddingpulver mit 4 Esslöffeln Milch glatt rühren. Die übrige Milch mit dem Zucker und dem Vanillezucker aufkochen, vom Herd nehmen und das Puddingpulver mit dem Schneebesen einrühren. Die Mischung unter Rühren aufkochen und über einem eiskalten Wasserbad kalt rühren.

5. Die Butter mit dem Puderzucker cremig rühren. Nach und nach esslöffelweise unter den Pudding rühren. Die Creme auf dem Kuchen verstreichen und diesen 30 Minuten kalt stellen.

6. Die Kuvertüre mit Sahne und Kokosfett über dem Wasserbad schmelzen und verrühren. Kuvertüre auf den Kuchen streichen und kurz warten, bis sie fest zu werden beginnt. Dann mit einem gezackten Tortenkamm oder den Zinken einer Gabel ein wellenförmiges Muster in die Schokolade ziehen. Die Donauwellen vollständig erkalten lassen.

Vorbereitungszeit:
ca. 1 Stunde 15 Minuten
Backzeit:
30 Minuten
Kühlzeit:
ca. 1 Stunde

Varianten
- Geben Sie anstatt der eingemachten Kirschen tiefgekühlte Heidelbeeren oder Himbeeren auf den Teig und backen Sie ihn wie im Rezept beschrieben.
- Statt mit Schokolade können Sie den Kuchen auch mit einem Kirschsaft-Tortenguss überziehen. Dadurch bekommt er einen feinen, fruchtigen Geschmack.

Für Gäste

Klecskuchen

Für 1 hohes Backblech

Für den Teig
- 1 Würfel frische Hefe (42 g)
- 200 ml lauwarme Milch
- 500 g Mehl
- 50 g Zucker
- 1 Ei
- 1 Eigelb
- 70 g weiche Butter
- 2 TL abgeriebene Schale von 1 unbehandelten Zitrone

Für den Belag
- 150 g Butter
- 750 g Schichtkäse
- 150 g Zucker
- 1 Pck. Vanillezucker
- abgeriebene Schale von 1 unbehandelten Orange
- Saft von je 1 Zitrone und Orange
- 4 Eier
- 1 Pck. Vanillepuddingpulver
- 1 Prise Salz
- 4 EL Aprikosenkonfitüre
- 2 EL Marillenlikör
- 4 EL Kirschkonfitüre
- 2 EL Kirschwasser
- 4 EL Stachelbeerkonfitüre
- 2 EL Rum
- 100 g Mandelstifte

Außerdem
- Mehl für die Arbeitsfläche
- Backpapier für das Blech

1. Für den Teig die Hefe in der Milch auflösen. Das Mehl in eine große Schüssel sieben und mit der Milchmischung, Zucker, Ei, Eigelb, Butter und Zitronenschale mit den Knethaken des elektrischen Handrührgerätes zu einem elastischen Teig verarbeiten. Den Teig zugedeckt an einem warmen Ort etwa 30 Minuten gehen lassen, bis sich sein Volumen fast verdoppelt hat.

2. Den Teig auf der leicht bemehlten Arbeitsfläche etwa 5 Minuten kneten und schlagen, damit er schön luftig wird. Das Backblech mit Backpapier auslegen. Den Teig auf Blechgröße ausrollen und auf das Blech legen, den Rand etwas hoch ziehen. Zugedeckt weitere 15 Minuten gehen lassen.

3. Den Backofen auf 180 °C (Gas Stufe 2–3, Umluft 160 °C) vorheizen. Für den Belag die Butter schmelzen und abkühlen lassen. Schichtkäse mit Butter, Zucker, Vanillezucker, Orangenschale, Orangen- und Zitronensaft verrühren. Die Eier trennen, die Eigelbe und das Puddingpulver unter die Käsecreme rühren.

4. Eiweiß mit dem Salz steif schlagen, den Eischnee unter die Käsecreme ziehen. Die Schichtkäsecreme auf den Teigboden streichen. Aprikosenkonfitüre mit Marillenlikör, Kirschkonfitüre mit Kirschwasser und Stachelbeerkonfitüre mit dem Rum verrühren. Vertiefungen in die Käsecreme drücken und die Konfitüremischungen abwechselnd hineingeben, so dass der Kuchen viele bunte Kleckse bekommt.

5. Die Mandelstifte über den Kuchen streuen. Den Klecskuchen auf der mittleren Schiene 45 bis 50 Minuten backen. Den Klecskuchen auf dem Blech auskühlen lassen und dann in Portionsstücke schneiden.

Vorbereitungszeit:
ca. 50 Minuten
Ruhezeit:
ca. 1 Stunde
Backzeit:
45–50 Minuten

 Traditionell

Beerenkuchen mit Schmandguss

Für 1 hohes Backblech

Für den Teig
- 375 g Mehl
- 100 g Zucker
- 1 Prise Salz
- 1 Ei
- 200 g kalte Butter
- 4 EL gemahlene Mandeln

Für den Belag
- 750 g gemischte Beeren
  (z. B. Heidelbeeren, Brombeeren, Johannisbeeren,
  Himbeeren und Stachelbeeren, frisch oder tiefgekühlt)
- 600 g Schmand
- 100 g Zucker
- 2 Pck. Vanillezucker
- Saft und abgeriebene Schale
  von 2 unbehandelten
  Orangen
- 2 EL Speisestärke
- 4 Eier
- 1 Prise Salz

Außerdem
- Klarsichtfolie zum Ein-
  wickeln des Teiges
- Butter für das Blech
- Puderzucker zum Bestäuben
- Orangenzesten zum
  Garnieren

1. Für den Teig das Mehl in eine Schüssel sieben, Zucker und Salz darüber streuen. Das Ei und die Butter in Stück-chen dazugeben und alles mit den Händen rasch zu einem glatten Teig verkneten. Den Teig zu einer Kugel formen, in Klarsichtfolie wickeln und für 30 Minuten in den Kühl-schrank legen.

2. Den Backofen auf 200 °C (Gas Stufe 3–4, Umluft 180 °C) vorheizen. Das Backblech einfetten. Den Teig auf dem Blech ausrollen, mit einer Gabel mehrmals einstechen. Die Mandeln darüber streuen und leicht eindrücken. Den Teig auf der mittleren Schiene 20 Minuten vorbacken. Aus dem Ofen nehmen und die Backtemperatur auf 180 °C (Gas Stufe 2–3, Umluft 160 °C) reduzieren.

3. Für den Belag frische Bee-ren abbrausen und auf Kü-chenpapier trocknen. Stiele von den Beeren entfernen. Den Schmand mit Zucker, Vanillezucker, Orangensaft und -schale sowie der Speise-stärke glatt rühren. Die Eier trennen, die Eigelbe unter die Schmandcreme mischen.

4. Eiweiß mit Salz steif schla-gen, den Eischnee unter die Creme heben. Die Schmand-creme auf dem vorgebacke-nen Boden verteilen und die frischen oder noch tiefgekühl-ten Beeren darauf verteilen. Den Kuchen auf der mittleren Schiene 30 bis 35 Minuten backen, auf dem Blech ab-kühlen lassen und in Stücke schneiden. Den Beerenkuchen vor dem Servieren mit Puder-zucker bestäuben und mit den Orangenzesten garnieren.

Vorbereitungszeit:
ca. 45 Minuten
Ruhezeit:
30 Minuten
Backzeit:
50–55 Minuten

Varianten
Als reizvoller Kontrast zu der süßen Schmandcreme eignen sich auch andere säuerliche Früchte. Variieren Sie den Kuchen, indem Sie ihn mit Aprikosenhälften, säuerlichen Pflaumen- oder Mirabellen-hälften, Rhabarberstücken oder Pfirsichspalten belegen.

Der Beerenkuchen mit Schmandguss (Bild rechts) ist eine süßsaure Versuchung.

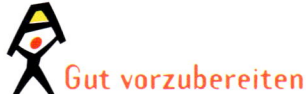

Gut vorzubereiten

Schokoladen-Bananen-Kuchen

Für 1 Backblech

Für den Teig
- 40 g Butter oder Margarine
- 100 g Zartbitterschokolade
- 4 Eier
- 120 g Zucker
- 1 Pck. Vanillezucker
- 1 Prise Salz
- 100 g Mehl
- 50 g Speisestärke
- 1 gestrichener TL Back- pulver

Für den Belag
- 10 Blatt weiße Gelatine
- 600 ml Bananensaft
- 150 g dünnflüssiger Honig
- 2 EL Zitronensaft
- 4 cl Rum
- 600 g Sahne
- 8–10 vollreife, aromatische Bananen

Außerdem
- Backpapier für das Blech
- 5 EL stark entöltes Kakao- pulver zum Bestäuben

1. Den Backofen auf 200 °C (Gas Stufe 3–4, Umluft 180 °C) vorheizen. Für den Biskuitteig die Butter mit der Schokolade über dem Wasserbad schmel- zen und abkühlen lassen. Die Eier trennen, die Eigelbe mit Zucker und Vanillezucker schaumig schlagen, die But- termischung unterrühren.

2. Eiweiß mit Salz sehr steif schlagen, den Eischnee auf die Eiermasse geben. Das Mehl mit der Speisestärke und dem Backpulver mischen und über die Eiermasse sieben. Alles mit einem großen Schnee- besen vorsichtig unter die Eiermasse ziehen. Ein großes Backblech mit Backpapier auslegen und den Teig gleich- mäßig darauf streichen. Den Teig auf der mittleren Schiene 12 Minuten backen, aus dem Ofen nehmen und auf dem Blech abkühlen lassen.

3. Für den Belag die Gelatine in kaltem Wasser 5 Minuten quellen lassen. Den Bananen- saft mit Honig und Zitronen- saft erhitzen, die Gelatine ausdrücken und im Saft auf- lösen, den Rum unterrühren. Den Saft kalt und etwas fest werden lassen. Die Sahne steif schlagen und unter den Saft ziehen.

4. Die Bananen schälen, längs halbieren und mit den Schnittflächen nach unten auf den Biskuit legen. Die Sahnecreme darauf geben, glatt streichen und an einem kühlen Ort in 2 bis 3 Stunden fest werden lassen. Vor dem Servieren den Kuchen mit dem Kakaopulver bestäuben.

Vorbereitungszeit:
ca. 50 Minuten
Backzeit:
12 Minuten
Kühlzeit:
2–3 Stunden

Tipp

Besonders dekorativ wirkt es, wenn Sie Orna- mente, z. B. Sterne oder Herzen, aus Backpapier ausschneiden und diese lose auf die Sahnecreme legen, bevor der Kuchen mit dem Kakaopulver bestäubt wird. Anschließend die Papierformen vor- sichtig abziehen.

Gut vorzubereiten

Saftige Rüblischnitten

Für 1 hohes Backblech

- 750 g Möhren
- 8 Eier
- 300 g Zucker
- abgeriebene Schale und Saft von 2 unbehandelten Zitronen
- 400 g gemahlene Haselnüsse
- 160 g Mehl
- 2 TL gemahlener Koriander
- 1 TL Zimt
- 1 Pck. Backpulver
- 1 Prise Salz

Außerdem
- Backpapier für das Blech
- 300 g Puderzucker und 70 ml Grand Marnier oder Orangensaft für den Guss
- 50 g grob gehackte Pistazienkerne zum Bestreuen
- 200 g Marzipanrohmasse und Speisefarbe zum Verzieren

1. Die Möhren schälen, waschen und auf der Gemüsereibe fein raspeln. Die Eier trennen. Die Eigelbe mit dem Zucker zu einer schaumigen Creme schlagen. Zitronenschale und -saft sowie Haselnüsse und Möhren unter die Eiermasse rühren.

2. Den Backofen auf 180 °C (Gas Stufe 2–3, Umluft 160 °C) vorheizen. Das Blech mit Backpapier auslegen. Das Mehl mit den Gewürzen und dem Backpulver mischen, über den Teig sieben und unterrühren. Eiweiß mit Salz steif schlagen und den Eischnee unter die Möhrenmasse ziehen. Den Teig auf dem Blech verteilen und glatt streichen. Den Kuchen auf der mittleren Schiene 40 bis 50 Minuten backen.

3. Den Puderzucker mit Likör oder Orangensaft verrühren. Den Kuchen aus dem Ofen nehmen und sofort mit dem Guss bestreichen. Die Pistazienkerne darüber streuen und leicht andrücken.

4. Den größten Teil des Marzipans orangerot einfärben und Möhrchen daraus formen. Das restliche Marzipan grün einfärben, kleine Stiele daraus formen und an die Möhrchen kleben. Die kleinen Marzipanmöhren auf dem Blechkuchen verteilen, so dass später auf jedem Stück 1 Möhrchen liegt.

Vorbereitungszeit:
ca. 40 Minuten
Backzeit:
40–50 Minuten

 **Traditionell**

Rheinischer Apfelkuchen

Für 1 Backblech

Für den Teig
- 1 Würfel frische Hefe (42 g)
- 220 ml lauwarme Milch
- 500 g Mehl
- 100 g Zucker
- 1 Prise Salz
- 1 Ei
- 1 Eigelb
- 70 g weiche Butter
- abgeriebene Schale von
  1 unbehandelten Zitrone

Für den Belag
- 100 g Korinthen
- 4 EL Rum
- Saft von 1 Zitrone
- 1 kg säuerliche Äpfel (z. B.
  Boskoop oder Glockenapfel)

Außerdem
- Mehl für die Arbeitsfläche
- Backpapier für das Blech
- 5 EL Apfelgelee zum
  Bestreichen
- Puderzucker zum Bestäuben

*Äpfel sind seit jeher eine
Sünde wert. Oder können Sie
dem Rheinischen Apfelkuchen
(Bild rechts) widerstehen?*

1. Für den Teig die Hefe in der Milch auflösen. Das Mehl in eine große Schüssel sieben und mit der Milchmischung, Zucker, Salz, Ei, Eigelb, Butter und Zitronenschale mit den Knethaken des elektrischen Handrührgerätes zu einem elastischen Teig verarbeiten. Den Teig zugedeckt an einem warmen Ort 30 Minuten gehen lassen.

2. Den Teig mit den Händen auf der leicht bemehlten Arbeitsfläche gut 5 Minuten kräftig kneten und schlagen, bis er Blasen wirft. Zugedeckt gehen lassen, bis sich das Teigvolumen verdoppelt hat.

3. Für den Belag die Korinthen waschen, abtropfen lassen und 20 Minuten in Rum einweichen. Etwa 2 Liter kaltes Wasser in einer Schüssel mit dem Zitronensaft vermischen. Die Äpfel waschen, schälen, vierteln, die Kerngehäuse sowie Stiel- und Blütenansätze entfernen. Die Apfelviertel sofort ins Wasser geben, damit sie nicht braun werden.

4. Das Backblech mit Backpapier auslegen. Den Teig auf Blechgröße ausrollen und das Blech damit belegen, den Rand dabei leicht hoch ziehen. Zugedeckt weitere 15 Minuten gehen lassen.

5. Den Backofen auf 220 °C (Gas Stufe 4–5, Umluft 200 °C) vorheizen. Die Äpfel gut abtropfen lassen und in dünne Spalten schneiden. Die Spalten dachziegelartig auf den Hefeteig legen. Die Korinthen gut abtropfen lassen, dabei den Rum auffangen. Die Korinthen über die Äpfel streuen. Den Kuchen auf der mittleren Schiene 35 bis 40 Minuten backen.

6. Das Apfelgelee mit dem aufgefangenen Rum leicht erwärmen. Den Kuchen aus dem Ofen nehmen und sofort mit dem Apfelgelee bepinseln. Den Apfelkuchen abkühlen lassen und vor dem Servieren mit Puderzucker bestäuben.

Vorbereitungszeit:
ca. 50 Minuten
Ruhezeit:
ca. 1 Stunde
Backzeit:
35–40 Minuten

Serviertipp
Lauwarm, mit einem nicht zu knapp bemessenen Klecks ungesüßter geschlagener Sahne ist dieser Kuchen ein Gedicht.

Traditionell

Mohn-Streusel-Kuchen

Für 1 hohes Backblech

Für den Teig
- 1 Würfel frische Hefe (42 g)
- 200 ml lauwarme Milch
- 500 g Mehl
- 50 g Zucker
- 1 Ei
- 1 Eigelb
- 70 g weiche Butter
- 2 TL abgeriebene Schale von 1 unbehandelten Zitrone

Für den Belag
- 500 g Mohn
- 120 g Zwieback
- 120 g Zucker
- 4 EL Vanillepuddingpulver
- 2 TL Zimt
- 1 Prise Salz
- 150 g Rosinen
- 800 ml Milch
- 100 g Butter

Für die Streusel
- 350 g Mehl
- 150 g Zucker
- 1 Pck. Vanillezucker
- 2 TL Zimt
- 200 g kalte Butter
- 2 Eier

Außerdem
- Butter für das Blech
- Mehl für die Arbeitsfläche

1. Für den Teig die Hefe in der Milch auflösen. Das Mehl in eine große Schüssel sieben und mit der Milchmischung, Zucker, Ei, Eigelb, Butter und Zitronenschale mit den Knethaken des elektrischen Handrührgerätes zu einem elastischen Teig verarbeiten. Den Teig zugedeckt an einem warmen Ort etwa 30 Minuten gehen lassen, bis sich sein Volumen fast verdoppelt hat.

2. Für die Mohnfüllung den Mohn im Blitzzerkleinerer sehr fein mahlen. Zwieback zerbröseln und ebenfalls fein mahlen. Mohn, Zwieback, Zucker, Puddingpulver, Zimt, Salz und Rosinen vermischen. Die Milch mit der Butter aufkochen.

3. Die Mohnmischung in die kochende Milch rühren und unter ständigem Rühren 2 Minuten kochen, vom Herd nehmen und abkühlen lassen. Das Backblech einfetten.

4. Den weichen Teig etwa 5 Minuten auf der leicht bemehlten Arbeitsfläche kräftig kneten und schlagen, damit er luftig wird. Den Teig auf Blechgröße ausrollen und das Backblech damit belegen, dabei den Rand etwas hoch ziehen. Die Mohnmasse darauf streichen und den Teig zugedeckt weitere 15 Minuten gehen lassen.

5. Den Backofen auf 180 °C (Gas Stufe 2–3, Umluft 160 °C) vorheizen. Für die Streusel das Mehl in eine Schüssel sieben. Zucker, Vanillezucker, Zimt, die Butter in Stückchen und die Eier zugeben. Die Zutaten mit den Händen in reibenden Bewegungen zu groben Streuseln verarbeiten und diese auf der Mohnfüllung verteilen. Den Kuchen auf der mittleren Schiene 35 bis 40 Minuten backen, bis die Streusel eine goldgelbe Färbung angenommen haben.

Vorbereitungszeit:
ca. 55 Minuten
Ruhezeit:
ca. 1 Stunde
Backzeit:
35–40 Minuten

Für Gäste

Nuss-Gewürzschnitten

Für 1 Backblech

Für den Teig
- 400 g weiche Butter oder Margarine
- 150 g brauner Zucker
- 100 g Honig
- 2 Pck. Vanillezucker
- 1 Prise Salz
- 2 TL Zimt
- ½ TL gemahlener Piment
- ¼ TL gemahlene Gewürznelken
- ¼ TL gemahlener Kardamom
- 7 Eier
- 200 g gemahlene Haselnüsse
- 200 g gemahlene Walnusskerne
- 300 g Mehl
- 2 TL Backpulver

Für den Belag
- 450 g Preiselbeerkonfitüre

Außerdem
- Backpapier für das Blech
- 150 g Zartbitterkuvertüre zum Garnieren

1. Den Backofen auf 180 °C (Gas Stufe 2–3, Umluft 160 °C) vorheizen. Das Backblech mit Backpapier auslegen. Die Butter mit dem Zucker und dem Honig schaumig rühren. Nach und nach Vanillezucker, Salz, die Gewürze und die Eier unterrühren.

2. Die gemahlenen Nüsse zum Teig geben und untermischen. Mehl und Backpulver vermischen, über den Teig sieben und unterrühren. Den Teig auf dem Blech verteilen und glatt streichen. Im Abstand von etwa 8 cm kleine Vertiefungen in den Teig drücken und die Preiselbeerkonfitüre darin verteilen.

3. Den Kuchen auf der mittleren Schiene 50 bis 60 Minuten backen, aus dem Ofen nehmen und abkühlen lassen. Die Kuvertüre schmelzen und wie ein diagonales Gitter um die Preiselbeeren in dünnen Linien auftragen. Der Kuchen ist servierbereit, sobald die Kuvertüre fest geworden ist.

Vorbereitungszeit:
ca. 25 Minuten
Backzeit:
50–60 Minuten

Variante
Zur Abwechslung können Sie die Nuss-Gewürzschnitten auch mit Kirsch- oder Pflaumenkonfitüre zubereiten.

Tipp

Preiselbeerkonfitüre finden Sie meist im Obstkonservenregal Ihres Supermarktes. Zum Aufbringen der Kuvertüre formen Sie am besten aus Pergamentpapier ein Tütchen, bei dem Sie die Spitze ganz knapp abschneiden. Gut eignet sich auch ein Folienbeutel, der an einer Ecke ebenfalls sehr knapp abgeschnitten wird.

Früchte köstlich eingehüllt

Früchte lassen sich lecker einwickeln. Was sich nicht auf den ersten Blick offenbart, sorgt beim Hineinbeißen in knusprig gebackene Taschen oder saftige Strudel für kulinarische Überraschungen. Praktisch dabei: Vieles können Sie besonders schnell mit fertigem Teig herstellen.

 **Für Gäste**

Erdbeer-Biskuitrolle

Für 1 Backblech

Für den Teig
- 40 g Butter oder Margarine
- 4 Eier
- 120 g Zucker
- 1 Pck. Vanillezucker
- 1 Prise Salz
- 100 g Mehl
- 50 g Speisestärke
- 1 gestrichener TL Backpulver

Für die Füllung
- 200 g reife Erdbeeren
- 200 g Erdbeerkonfitüre
- 250 g weicher Kuhmilch-Ricotta
- 50 g Puderzucker
- 2 Pck. Vanillezucker
- 2 EL Amaretto
- 4 Blatt weiße Gelatine
- 250 g Sahne

Außerdem
- Backpapier für das Blech
- Zucker zum Bestreuen

Scheibe für Scheibe ein exquisites Erlebnis: Biskuitrolle mit Erdbeersahne (Bild Seite 56/57).

1. Den Backofen auf 200 °C (Gas Stufe 3–4, Umluft 180 °C) vorheizen. Für den Teig die Butter schmelzen und abkühlen lassen, die Eier trennen. Eigelbe mit Zucker und Vanillezucker schaumig schlagen, Butter unterrühren. Eiweiß mit Salz steif schlagen, den Eischnee auf die Eiermasse geben. Mehl mit Speisestärke und Backpulver vermischen, über die Eiermasse sieben und alles mit einem großen Schneebesen unterheben.

2. Das Backblech mit Backpapier auslegen, den Teig gleichmäßig darauf streichen. Auf der mittleren Schiene in 12 Minuten goldgelb backen. Ein Küchentuch auf der Arbeitsfläche ausbreiten und dünn mit Zucker bestreuen. Die Biskuitplatte sofort nach dem Backen vorsichtig auf das Tuch stürzen, Backpapier abziehen und den Biskuit mit Hilfe des Tuches locker aufrollen. Den Biskuit bis zum Füllen aufgerollt liegen lassen.

3. Für die Füllung die Erdbeeren abbrausen, trocknen und die Stielansätze entfernen. Die Hälfte der Erdbeeren beiseite legen. Die restlichen Beeren klein schneiden und mit der Konfitüre vermischt

2 Minuten im offenen Topf bei schwacher Hitze aufkochen, abkühlen lassen.

4. Ricotta mit Puderzucker, 1 Päckchen Vanillezucker und dem Amaretto verrühren. Die Gelatine in etwas kaltem Wasser einweichen, tropfnass bei schwacher Hitze auflösen und unter die Ricottacreme rühren. 100 Gramm Sahne steif schlagen und unter die Creme ziehen.

5. Den Biskuit auseinander rollen, Zucker mit einem Backpinsel entfernen. Biskuit mit der Erdbeermasse bestreichen und die Creme darauf verteilen. Die restlichen Erdbeeren in Scheiben schneiden und die Hälfte davon auf der Creme verteilen. Den Biskuit mit Hilfe des Tuches aufrollen. Die restliche Sahne mit 1 Päckchen Vanillezucker steif schlagen und die Rolle damit überziehen. Mit dem Rest der Erdbeeren die Rolle verzieren und diese vor dem Servieren 30 Minuten kalt stellen.

Vorbereitungszeit:
ca. 50 Minuten
Backzeit:
12 Minuten
Kühlzeit:
30 Minuten

Schokoladen-Biskuitröllchen mit Orangencreme

Für 1 Backblech

Für den Teig
- 60 g Butter oder Margarine
- 100 g Zartbitterschokolade
- 5 Eier
- 120 g Zucker
- 1 Pck. Vanillezucker
- 1 Prise Salz
- 100 g Mehl
- 50 g Speisestärke
- 1 gestrichener TL Backpulver

Für die Füllung
- 300 g Mascarpone
- 80 g Zucker
- 2 Pck. Sahnesteif
- 2 EL Zitronensaft
- 5 cl Grand Marnier
- 150 g Sahne
- 3 filetierte Orangen

Außerdem
- Backpapier für das Blech
- Zucker zum Bestreuen
- Puderzucker zum Bestäuben
- Orangenzesten zum Garnieren

1. Den Backofen auf 200 °C (Gas Stufe 3–4, Umluft 180 °C) vorheizen. Für den Teig die Butter mit der Schokolade über dem Wasserbad schmelzen und abkühlen lassen. Die Eier trennen. Die Eigelbe mit Zucker und Vanillezucker schaumig schlagen, die Buttermischung unterrühren.

2. Eiweiß mit Salz sehr steif schlagen, den Eischnee auf die Eiermasse geben. Mehl mit Speisestärke und Backpulver vermischen, über die Eiermasse sieben und alles mit einem großen Schneebesen vorsichtig unterheben.

3. Das Backblech mit Backpapier auslegen und den Teig gleichmäßig aufstreichen. Auf der mittleren Schiene 10 bis 12 Minuten backen. Ein Küchentuch auf der Arbeitsfläche ausbreiten und dünn mit Zucker bestreuen.

4. Die Biskuitplatte sofort nach dem Backen vorsichtig auf das Tuch legen, das Backpapier abziehen und den Biskuit quer halbieren. Jede Biskuithälfte von der Breitseite aus mit Hilfe des Tuches locker aufrollen. Bis zum Füllen aufgerollt liegen lassen.

5. Den Mascarpone mit Zucker, Sahnesteif, Zitronensaft und Grand Marnier glatt rühren. Die Sahne steif schlagen und unter die Mascaponecreme ziehen. Die Orangenfilets in kleine Stücke schneiden und unter die Creme heben. Die Biskuithälften ausrollen und den Zucker mit einem Backpinsel entfernen.

6. Jede Biskuithälfte mit der Creme bestreichen und von der Schnittkante aus aufrollen. Jede Rolle in 4 Stücke schneiden und 1 Stunde kalt stellen. Vor dem Servieren die Röllchen mit Puderzucker bestäuben und mit den Orangenzesten garnieren.

Vorbereitungszeit:
ca. 55 Minuten
Backzeit:
10–12 Minuten
Kühlzeit:
1 Stunde

 **Traditionell**

Topfenkolatschen mit Heidelbeeren

Für 2 Backbleche

Für den Teig
- 50 g Butter
- 300 ml Milch
- 1 Würfel frische Hefe (42 g)
- 1 Vanilleschote
- 500 g Mehl
- 80 g Zucker
- 1 Prise Salz
- abgeriebene Schale von 1 unbehandelten Zitrone
- 1 Ei

Für die Füllung
- 50 g Butter
- 250 g Magerquark
- 80 g Zucker
- 2 Eigelbe
- 1 schwach gehäufter EL Vanillepuddingpulver
- 1 Msp. gemahlene Muskatblüte
- 1 TL abgeriebene Schale von 1 unbehandelten Zitrone
- 250 g Heidelbeeren

Außerdem
- Mehl für die Arbeitsfläche
- Backpapier für die Bleche
- 1 Eigelb und 2 TL Zucker zum Bestreichen

Böhmische Hefeteigtäschchen mit fruchtigem Inhalt: Topfenkolatschen mit Heidelbeeren (Bild rechts)

1. Für den Teig die Butter schmelzen und abkühlen lassen. Die Milch leicht erwärmen und die Hefe darin auflösen. Die Vanilleschote längs aufschlitzen und das Mark herauskratzen. Mehl in eine Schüssel sieben, Zucker, Salz, Vanillemark, Zitronenschale, Ei sowie die Butter und die Hefemilch dazugeben. Alles mit den Knethaken des elektrischen Handrührgerätes so lange verkneten, bis sich der Teig von der Schüssel löst.

2. Den Hefeteig zugedeckt an einem warmen Ort gehen lassen, bis sich sein Volumen verdoppelt hat. Den Teig auf der leicht bemehlten Arbeitsfläche 5 Minuten kräftig kneten und schlagen, bis er nicht mehr klebt. Weitere 30 Minuten gehen lassen, bis er sein Volumen verdoppelt hat.

3. Für die Füllung Butter schmelzen und etwas abkühlen lassen. Den Quark mit Butter, Zucker, Eigelben, Puddingpulver, Muskatblüte und Zitronenschale verrühren. Die Heidelbeeren abbrausen, verlesen und trockentupfen.

4. Den Teig auf der bemehlten Arbeitsfläche ausrollen. Sollte er zu weich sein, lässt er sich einfach mit den Händen ausziehen. 20 Quadrate von 10 cm Seitenlänge ausschneiden. In die Mitte jedes Quadrates je 1 Esslöffel Quarkfüllung und einige Beeren geben. Die diagonal gegenüberliegenden Teigspitzen etwas lang ziehen und miteinander verdrehen, so dass kuvertartige Taschen entstehen. Die Füllung dabei nicht ganz bedecken.

5. 2 Backbleche mit Backpapier auslegen. Die Taschen vorsichtig auf die Bleche legen und zugedeckt 10 Minuten gehen lassen.

6. Den Backofen auf 200 °C (Gas Stufe 3–4, Umluft 180 °C) vorheizen. Eigelb mit 1 Esslöffel Wasser und dem Zucker verquirlen und die Taschen damit bepinseln. Die Kolatschen auf der mittleren Schiene in 20 bis 30 Minuten goldbraun backen. Auf dem Gitter abkühlen lassen.

Vorbereitungszeit:
ca. 50 Minuten
Ruhezeit:
ca. 1 Stunde
Backzeit:
20–30 Minuten

 **Für Gäste**

Pflaumenstrudel mit Ricottacreme

Für 1 Backblech

Für den Teig
- 250 g Mehl
- 2 Eier
- Salz
- 1 EL trockener Weißwein
- 4 EL Öl
- 40 g Butter

Für die Füllung
- 300 g säuerliche Pflaumen
- 250 g frischer Kuhmilch-Ricotta
- 70 g Zucker
- abgeriebene Schale von ½ unbehandelten Zitrone
- 4 EL Zwetschgenwasser oder Slibowitz
- 2 Eier
- 1 Prise Salz
- 50 g Mandelstifte

Außerdem
- Backpapier für das Blech
- Mehl für die Arbeitsfläche
- Puderzucker zum Bestäuben

1. Für den Teig das Mehl in eine Schüssel sieben und eine Mulde in die Mitte drücken. Die Eier, 4 Esslöffel Wasser, Salz, Wein und 3 ½ Esslöffel Öl hineingeben. Die Zutaten mit den Händen zu einem geschmeidigen Teig verkneten und zu einer Kugel formen. Diese mit dem restlichen Öl einpinseln und unter einer vorgewärmten Schüssel 2 bis 3 Stunden bei Zimmertemperatur ruhen lassen.

2. Für die Füllung die Pflaumen waschen, entsteinen und die Früchte je nach Größe in Viertel oder Achtel schneiden. Ricotta mit Zucker, Zitronenschale und Zwetschgenwasser verrühren. Die Eier trennen. Die Eigelbe unter die Ricottamasse rühren. Eiweiß mit Salz steif schlagen, den Eischnee vorsichtig unter die Käsemasse ziehen.

3. Den Backofen auf 200 °C (Gas Stufe 3–4, Umluft 180 °C) vorheizen. Das Backblech mit Backpapier auslegen. Den Teig auf der leicht bemehlten Arbeitsfläche ausrollen. Den Teig auf ein großes Tuch legen und mit den Fingern und über die Handrücken vorsichtig zu einem sehr dünnen Oval ausziehen.

4. Die Butter schmelzen und etwas abkühlen lassen. Die Hälfte davon auf den Teig pinseln. Die Käsemasse als Strang auf eine Längsseite des Teiges geben. Mit den Pflaumen belegen, die Mandelstifte darüber streuen. Den Teig mit Hilfe des Tuches vorsichtig über die Längsseite aufrollen und mit der Naht nach unten auf das Blech setzen. Den Strudel mit der restlichen Butter bepinseln und auf der mittleren Schiene 30 bis 35 Minuten backen. Den Pflaumenstrudel aus dem Ofen nehmen, abkühlen lassen und vor dem Servieren mit Puderzucker bestäuben.

Vorbereitungszeit:
ca. 50 Minuten
Ruhezeit:
2–3 Stunden
Backzeit:
30–35 Minuten

Variante
Für einen Apfelstrudel vermischen Sie 750 Gramm klein geschnittene säuerliche Äpfel mit 2 Esslöffeln Zitronensaft, 2 Teelöffeln gemahlenem Zimt, je 50 Gramm Rumrosinen und grob gehackten Walnusskernen sowie 4 Esslöffeln Zucker und füllen damit den Strudel.

 **Das mögen Kinder**

Birnenstrudel mit Blätterteig

Für 1 Backblech

Für den Teig
- 600 g TK-Blätterteig

Für die Füllung
- 400 g feste, säuerliche Birnen
- 2 EL Zitronensaft
- 2 Eier
- 200 g Crème fraîche
- 6 EL Honig
- 1 Vanilleschote
- 3 EL Varillepuddingpulver
- 1 Prise Salz
- 150 g TK-Himbeeren

Außerdem
- Mehl für die Arbeitsfläche
- 1 Eigelb zum Bestreichen

1. Die Blätterteigplatten nebeneinander liegend auf der leicht bemehlten Arbeitsfläche auftauen lassen. Für die Füllung die Birnen waschen, schälen, vierteln, die Kerngehäuse entfernen und die Birnen längs in Spalten schneiden. Die Spalten mit Zitronensaft beträufeln. Die Eier trennen. Crème fraîche mit den Eigelben und dem Honig verrühren.

2. Den Backofen auf 200 °C (Gas Stufe 3–4, Umluft 180 °C) vorheizen. Die Vanilleschote längs aufschlitzen, das Mark mit einem spitzen Messer herauskratzen und zur Eiermasse geben. Das Puddingpulver unterrühren. Eiweiß mit dem Salz steif schlagen und den Eischnee unter die Eiermasse heben.

3. Die Blätterteigplatten übereinander legen, auf etwa 40 × 40 cm ausrollen und auf das Blech legen. Die Creme auf eine Teighälfte geben, dabei einen 3 cm breiten Rand frei lassen. Die Birnen und gefrorenen Himbeeren auf der Creme verteilen, die andere Teighälfte darüber schlagen. Die Teigränder mit Wasser einpinseln, gut festdrücken und vorsichtig unter den Strudel schlagen.

4. Die Teigoberfläche vorsichtig mit einem sehr scharfen Messer quer im Abstand von etwa 4 cm bis kurz vor den Rand einschneiden. Das Eigelb mit 2 Teelöffeln Wasser verquirlen und den Teig damit einpinseln. Den Strudel auf der mittleren Schiene in 20 bis 25 Minuten goldbraun backen.

Vorbereitungszeit:
ca. 30 Minuten
Backzeit:
20–25 Minuten

Serviertipp
Servieren Sie den Strudel frisch aus dem Ofen mit halbsteif geschlagener Sahne.

Für Gäste

Saftiger Kirschstrudel

Für 1 Backblech

Für die Füllung
- 600 g frische Sauerkirschen (ersatzweise 1 ½ Gläser Sauerkirschen, 525 g Abtropfgewicht)
- 80 g Amarenakirschen
- 100 ml Milch
- 40 g Zucker
- 100 g geschälte, gemahlene Mandeln
- 1 Ei
- abgeriebene Schale von ½ unbehandelten Zitrone
- ½ TL Zimt
- 2 cl Amaretto
- 1 Prise Salz

Für den Teig
- 1 Packung Filloteigblätter
- 50 ml Milch
- 80 g Butter

Außerdem
- Backpapier für das Blech
- Puderzucker zum Bestäuben

1. Für die Füllung die Kirschen abbrausen, abtropfen lassen, Stiele und Steine entfernen. Eingelegte Kirschen abtropfen lassen und im Sieb leicht ausdrücken. Amarenakirschen abtropfen lassen. Die Milch mit dem Zucker zum Kochen bringen und die Mandeln hineinrühren.

2. Die Mandelmilch vom Herd nehmen. Das Ei trennen. Das Eigelb mit Zitronenschale, Zimt und Amaretto in die heiße Mandelmasse rühren. Die Masse nochmals bei schwacher Hitze kochen, bis sie eindickt. Eiweiß mit Salz steif schlagen, den Eischnee unter die Mandelfüllung heben und abkühlen lassen.

3. Den Backofen auf 180 °C (Gas Stufe 2–3, Umluft 160 °C) vorheizen. Das Backblech mit Backpapier auslegen. Die Teigblätter vorsichtig auf der Arbeitsfläche auseinander falten. Die Milch mit der Butter

erhitzen. 1 Filloteigblatt auf das Blech legen, dünn mit der Milchmischung bepinseln. Mit den weiteren Teigblättern genauso verfahren und alle aufeinander schichten.

4. Die Mandelfüllung in einem länglichen Strang in die Mitte auf das oberste Teigblatt streichen, dabei oben und unten einen 3 cm breiten Rand frei lassen. Kirschen und Amarenakirschen auf die Füllung geben. Die Teigenden knapp einschlagen und die Längsseiten über die Füllung schlagen.

5. Die Oberfläche des Strudels mit der Milch-Butter-Mischung bestreichen. Den Strudel auf der zweiten Schiene von unten in 40 bis 45 Minuten goldbraun backen. Die Oberfläche zwischendurch zweimal mit der restlichen Milchmischung bestreichen. Den Strudel mit Puderzucker bestäubt servieren.

Vorbereitungszeit:
ca. 40 Minuten
Backzeit:
40–45 Minuten

Variante
Anstelle von Kirschen eignen sich auch Mirabellen, Zwetschgen, frische Feigen oder süße Aprikosen als Strudelfüllung.

Tipp
Filloteig ist ein griechischer Strudelteig. Sie bekommen ihn im griechischen oder türkischen Lebensmittelgeschäft.

Der saftige Kirschstrudel (Bild rechts) hat immer Saison.

 **Das mögen Kinder**

Kirschkämme mit Zitronen-Quark-Creme

Für 1 Backblech

Für den Teig
- 125 g Magerquark
- 5 EL Öl
- 5 EL Milch
- 1 EL Zucker
- 200 g Mehl
- 2 TL Backpulver

Für die Füllung
- ½ Glas Sauerkirschen (175 g Abtropfgewicht)
- 125 g Magerquark
- 2 EL Zucker
- 1 Pck. Vanillezucker
- 2 TL abgeriebene Schale von 1 unbehandelten Zitrone
- 1 EL Hartweizengrieß
- 2 EL Zitronensaft
- 1 Ei

Außerdem
- Backpapier für das Blech
- Mehl für die Arbeitsfläche
- 6 EL Puderzucker zum Bestreichen

1. Für den Teig Quark mit Öl, Milch und Zucker verrühren. Das Mehl mit dem Backpulver mischen, über die Quarkmasse sieben, unterrühren, zum Schluss den Teig mit den Händen kneten.

2. Den Backofen auf 200 °C (Gas Stufe 3–4, Umluft 180 °C) vorheizen. Das Backblech mit Backpapier auslegen. Für die Füllung die Kirschen abtropfen lassen. Den Quark mit Zucker, Vanillezucker, Zitronenschale, Grieß und Zitronensaft verrühren. Das Ei trennen und das Eigelb sowie die Kirschen unter die Quarkmasse rühren.

3. Den Teig auf der leicht bemehlten Arbeitsfläche dünn ausrollen, 10 Rechtecke von 10 × 12 cm Kantenlänge ausschneiden. Auf jedes Teigstück etwas Füllung geben. Die Ränder mit dem Eiweiß bestreichen, den Teig übereinander klappen und gut festdrücken. Die Teigstücke mehrmals bis 1 cm vor die Füllung einschneiden, so dass Kämme entstehen.

4. Die Kirschkämme auf der mittleren Schiene in 25 bis 30 Minuten goldbraun backen, aus dem Ofen nehmen und auf das Kuchengitter setzen. Den Puderzucker mit 2 Esslöffeln Wasser glatt rühren und die noch heißen Kirschkämme damit bestreichen. Die Glasur trocknen und die Kirschkämme abkühlen lassen.

Vorbereitungszeit:
ca. 30 Minuten
Backzeit:
25–30 Minuten

Variante
Die Kirschkämme schmecken auch köstlich, wenn Sie die Kirschfüllung mit Speisestärke andicken und mit Zucker, Zimt und Kirschwasser abschmecken.

Für Gäste

Biskuitomeletts mit Ananas-Kokos-Creme

Für 2 Backbleche

Für den Teig
- 40 g Butter
- 4 Eier
- 80 g Zucker
- 40 g Speisestärke
- 50 g Mehl
- 1 Prise Salz

Für die Füllung
- 250 g Ananasstücke aus der Dose
- 500 g Sahnequark (40 % Fett i. Tr.)
- 2 EL Kokoslikör oder Rum
- 120 g Zucker
- 50 g Kokosmilch
- 3 EL Kokosraspel
- 200 g Sahne
- 2 Pck. Sahnesteif

Außerdem
- Backpapier für die Bleche
- Puderzucker zum Bestäuben

1. Backpapier für 2 Bleche zuschneiden. Mit Hilfe einer Untertasse je 5 Kreise von etwa 12 cm Ø auf die Rückseiten der Backpapiere zeichnen. Die Papiere mit den Zeichnungen nach unten auf die Bleche legen. Den Backofen auf 220 °C (Gas Stufe 4–5, Umluft 200 °C) vorheizen.

2. Für die Omeletts die Butter schmelzen und leicht abkühlen lassen. Die Eier trennen und das Eiweiß mit der Hälfte des Zuckers zu festem Schnee schlagen. Die Eigelbe mit dem restlichen Zucker schaumig schlagen. Speisestärke, Mehl und Salz vermischen und über die Eigelbmasse sieben. Die lauwarme Butter zugießen und alles miteinander vermischen. Zuletzt den Eischnee unterheben.

3. Den Teig in einen Spritzbeutel mit großer runder Tülle füllen und in der vorgezeichneten Größe Platten auf das Backpapier spritzen. Diese auf der mittleren Schiene 7 bis 8 Minuten backen, bis sie etwas Farbe annehmen.

4. Die Omeletts mit einem Küchentuch bedecken und darauf stürzen. Anschließend mit einem gut angefeuchteten Küchentuch das Backpapier an den Unterseiten der Omeletts befeuchten und das Papier abziehen. Die Omeletts sofort vorsichtig zusammenklappen und abkühlen lassen.

5. Für die Füllung die Ananasstücke abtropfen lassen. Den Quark in einem Küchentuch ausdrücken und mit Kokoslikör, 100 Gramm Zucker, Kokosmilch und Kokosraspeln cremig rühren. Die Sahne mit dem restlichen Zucker und Sahnesteif steif schlagen und unter die Quarkcreme ziehen. 10 Minuten kalt stellen.

6. Die Quarkcreme in einen Spritzbeutel mit großer Sterntülle füllen. Die Omeletts leicht aufklappen und den Quark in Rosetten hineinspritzen. Die Rosetten mit Ananasstücken belegen, noch etwas Quarkcreme darauf spritzen und die Omeletts leicht zuklappen. Die Omeletts sofort mit Puderzucker bestäubt servieren.

Vorbereitungszeit:
ca. 50 Minuten
Backzeit:
7–8 Minuten

 Für Gäste

Süße Calzone mit Amaretti und Aprikosen

Für 1 Backblech

Für den Pudding
- 350 ml Milch
- 100 g Sahne
- 1 Pck. Grießpuddingpulver mit Zucker

Für den Teig
- 3 fertige, ungebackene runde Pizzaböden (je etwa 230 g)

Für den Belag
- 200 g reife Aprikosen
- 30 Amaretti
- 20 g Mandelstifte
- 20 g Butter

Außerdem
- Backpapier für das Blech
- Mehl für die Arbeitsfläche
- 1 Eigelb und 1 EL Milch zum Bestreichen
- Hagelzucker zum Bestreuen

Süße Calzone mit Amaretti und Aprikosen (Bild rechts) schmecken warm am besten.

1. Die Milch mit der Sahne aufkochen. Das Grießpuddingpulver mit dem Schneebesen einrühren, nach Packungsanleitung kochen und abkühlen lassen.

2. Den Backofen auf 250 °C (Gas Stufe 6, Umluft 230 °C) vorheizen. Das Backblech mit Backpapier auslegen. Die Pizzaböden auf der leicht bemehlten Arbeitsfläche nacheinander auf knapp 40 cm Ø ausrollen und je 2 Kreise von 18 cm Ø ausschneiden.

3. Die Aprikosen waschen, entsteinen und die Früchte vierteln. Den Pudding auf den unteren Hälften der Pizzaböden verteilen, dabei einen Rand von 3 cm frei lassen.

4. Die Amaretti in den Pudding drücken, die Mandel-

Tipp

Für diese wirklich schnell zubereitete Gebäckspezialität sollten Sie immer einige fertige, ungebackene Pizzateigböden, die es aufgerollt im Kühlregal des Supermarktes gibt, im Vorrat haben.

splitter darüber streuen, die Aprikosenviertel obenauf verteilen. Die Butter in Flöckchen über die Füllung geben und den oberen Teigteil darüber schlagen. Die Teigränder gut festdrücken, knapp einschlagen und festdrücken.

5. Die Calzoni vorsichtig auf das Blech setzen, mit dem Eigelb sowie der Milch bestreichen. Hagelzucker darüber streuen und leicht festdrücken. Die Calzoni auf der mittleren Schiene 15 Minuten backen, bis sie etwas Farbe angenommen haben. Auf dem Kuchengitter leicht abkühlen lassen.

Vorbereitungszeit:
ca. 25 Minuten
Backzeit:
15 Minuten

Variante
Auch mit eingelegtem Obst, wie Pflaumen oder Pfirsichen, schmecken die süßen Teigtaschen äußerst lecker.

Serviertipp
Die Calzoni sollten Sie unbedingt warm servieren. Dazu passt eine Sauce aus pürierten, nur leicht gesüßten frischen Aprikosen mit einem kräftigen Schuss Marillenlikör.

Traditionell

Apfeltaschen

Für 1 Backblech

Für den Teig
• 450 g TK-Blätterteig

Für die Füllung
• 5 aromatische Äpfel
• 150 ml Weißwein
• 50 g Zucker
• ½ Zimtstange
• 150 g Marzipanrohmasse
• 3 EL Calvados oder
  Apfelsud
• 50 g geschälte, gemahlene
  Mandeln

Außerdem
• Backpapier für das Blech
• Mehl für die Arbeitsfläche
• 1 Ei zum Bestreichen
• 50 g Aprikosenkonfitüre
  zum Bestreichen

1. Die Blätterteigplatten zum Auftauen nebeneinander legen. Den Backofen auf 200 °C (Gas Stufe 3–4, Umluft 180 °C) vorheizen. Das Backblech mit Backpapier auslegen.

2. Die Äpfel waschen, schälen, halbieren, die Kerngehäuse entfernen. Den Weißwein mit Zucker und Zimtstange aufkochen, die Apfelhälften darin 4 Minuten bei mittlerer Hitze dünsten, abtropfen und abkühlen lassen.

3. Die Marzipanrohmasse mit Calvados oder 3 Esslöffeln Dünstflüssigkeit der Äpfel glatt verkneten und in 10 Portionen teilen. Jede Portion zu einer Kugel formen und in die Mulden in der Mitte der Apfelhälften geben.

4. Die Blätterteigplatten übereinander auf der bemehlten Arbeitsfläche ausrollen und 10 Quadrate von je 12 cm Seitenlänge ausschneiden. Je 1 Teelöffel gemahlene Mandeln in die Mitte jedes Teigquadrates geben und die Apfelhälften mit den Schnittflächen nach unten darauf setzen.

5. Das Ei verquirlen und die Teigränder damit bestreichen. Die 4 Ecken der Quadrate über den Apfelhälften zusammenlegen und leicht andrücken. Die Taschen auf das Blech setzen und auf der mittleren Schiene 20 bis 25 Minuten backen. Aprikosenkonfitüre durch ein feines Sieb streichen. Die noch heißen Apfeltaschen damit bepinseln, trocknen und abkühlen lassen.

Vorbereitungszeit:
ca. 30 Minuten
Backzeit:
20–25 Minuten

 **Exotisch**

Blätterteig-Windräder

Für 1 Backblech

Für den Teig
• 3 Scheiben TK-Blätterteig

Für die Füllung
• 12 getrocknete Datteln
• je 1 Msp. gemahlene Muskatblüte und Kardamom
• 1 TL abgeriebene Schale von 1 unbehandelten Orange
• 2 TL Honig
• 6 Zwetschgen

Außerdem
• Backpapier für das Blech
• 4 EL Puderzucker und 1 EL Zwetschgengeist zum Bestreichen
• grob gehackte Pistazienkerne zum Bestreuen

1. Die Blätterteigplatten nebeneinander liegend auftauen lassen. Den Backofen auf 200 °C (Gas Stufe 3–4, Umluft 180 °C) vorheizen. Das Backblech mit Backpapier auslegen.

2. Die Datteln entsteinen und das Fruchtfleisch fein hacken. Mit Muskatblüte, Kardamom, Orangenschale und Honig verrühren. Die Zwetschgen waschen, oben und unten kreuzförmig einschneiden und an den Nähten entlang einschneiden. Die Steine herauslösen und die Zwetschgen aufklappen.

3. Jede Teigplatte in 2 Quadrate schneiden und diese von den Ecken aus etwa 4 cm diagonal zur Mitte hin einschneiden. Jeweils 1 Portion der Dattelmasse in die Mitte jedes Teigstückes geben und die Zwetschgen mit den Schnittflächen nach unten darauf setzen.

4. Jede zweite Teigspitze auf der Zwetschge mit einem Spießchen feststecken. Die Windräder auf das Blech legen und auf der mittleren Schiene in 20 Minuten goldgelb backen.

5. Den Puderzucker mit Zwetschgengeist oder Wasser verrühren und die noch heißen Windräder damit bestreichen. Die Windräder mit den gehackten Pistazienkernen bestreuen und trocknen lassen.

Vorbereitungszeit:
ca. 20 Minuten
Backzeit:
20 Minuten

Variante
Statt mit Dattelmasse und Zwetschgen können Sie die Windräder auch mit je etwa 10 Gramm Marzipanrohmasse und 1 Aprikosenhälfte füllen.

Himmlische Kleinigkeiten

Ihnen kann nun wirklich keiner widerstehen: Verführerisch präsentieren sich die kleinen Naschereien, appetitlich belegt und garniert mit köstlichen Beeren und erntefrischem Obst. Ob Törtchen, Muffins, Savarins & Co. – alle lassen sich problemlos backen.

Gut vorzubereiten

Heidelbeertörtchen mit Sauerrahmguss

Für 8 Tartelettförmchen von 12 cm Ø

Für den Teig
- 250 g Mehl
- 100 g kalte Butter
- 1 Msp. Salz
- 6 EL Eiswasser

Für den Belag
- 300 g frische, möglichst kleine Heidelbeeren
- 400 g Sauerrahm
- 2 Eier
- 100 g Zucker
- 1 Pck. Vanillezucker
- 1 TL Zitronensaft
- 2 EL Amaretto
- 2 EL Speisestärke

Außerdem
- Klarsichtfolie zum Einwickeln des Teiges
- Butter für die Förmchen
- Mehl für die Arbeitsfläche

Heidelbeertörtchen mit Sauerrahmguss (Bild Seite 72/73) zergehen auf der Zunge.

1. Für den Teig das Mehl in eine Schüssel sieben, Butter in Würfeln, Salz und Eiswasser zufügen und alles mit den Händen zu einem glatten Teig verkneten. Den Teig in Klarsichtfolie wickeln und 1 Stunde in den Kühlschrank legen.

2. Den Backofen auf 200 °C (Gas Stufe 3–4, Umluft 180 °C) vorheizen. Die Förmchen einfetten. Die Heidelbeeren abbrausen, verlesen und auf Küchenpapier abtropfen lassen.

3. Den Teig in 8 Portionen teilen und jede auf der leicht bemehlten Arbeitsfläche in Größe der Form ausrollen. Die Förmchen mit dem Teig auskleiden, die Teigböden mit einer Gabel mehrmals einstechen. Die Teigböden auf der mittleren Schiene in 20 bis 25 Minuten goldgelb backen, aus dem Ofen nehmen und abkühlen lassen. Die Backtemperatur auf 220 °C (Gas Stufe 4–5, Umluft 200 °C) erhöhen.

4. Für den Belag den Sauerrahm mit Eiern, Zucker, Vanillezucker, Zitronensaft, Amaretto und der Speisestärke glatt rühren. Die Creme auf die Tarteletts gießen. Die Beeren in Stern- oder Spiral-

mustern, in diagonalen Streifen oder Zickzacklinien auf die Creme legen und nur leicht eindrücken. Die Tarteletts auf der mittleren Schiene 25 bis 30 Minuten backen.

Vorbereitungszeit:
ca. 35 Minuten
Ruhezeit:
1 Stunde
Backzeit:
50–60 Minuten

Serviertipp
Als Dessert können Sie die Törtchen warm servieren. Lecker schmecken sie mit 1 Kugel Karamell- oder Haselnusseis und einigen in Portwein marinierten, frischen Heidelbeeren.

Tipp

Wenn es schnell gehen soll, streuen Sie die Beeren einfach nur über die Creme und drücken Sie sie leicht ein. Tiefgekühlte Beeren eignen sich ebenso. Diese am besten unaufgetaut auf die Creme geben, dann verlieren sie beim Backen nicht so viel Saft.

Für Gäste

Birnentarteletts mit Pistaziencreme

**Für 4 Tartelettformen
von 18 cm Ø**

Für den Teig
- 100 g Mehl
- 1 EL Zucker
- 1 Prise Salz
- 1 kleines Ei
- 50 g kalte Butter

Für den Belag
- 2 große aromatische, nicht zu weiche Birnen
- ½ Zimtstange
- 3 EL Zucker
- 1 Stückchen unbehandelte Orangenschale
- 100 ml trockener Weißwein
- 1 Ei
- 1 Eigelb
- 60 g ungesalzene Pistazienkerne
- 100 g Crème double
- 1 EL Rum
- je 1 Msp. Zimt und Kakaopulver

Außerdem
- Klarsichtfolie zum Einwickeln des Teiges
- Butter für die Formen
- Backpapier und getrocknete Erbsen zum Blindbacken
- Puderzucker zum Bestäuben

1. Für den Teig das Mehl in eine Schüssel sieben, Zucker und Salz darüber streuen. Das Ei in die Mitte, die Butter in Stückchen darüber geben und alle Zutaten mit den Händen zu einem glatten Teig verkneten. Den Teig in Klarsichtfolie wickeln und 1 Stunde in den Kühlschrank legen.

2. Den Backofen auf 200 °C (Gas Stufe 3–4, Umluft 180 °C) vorheizen. Die Backformen einfetten. Den Teig in 4 Stücke teilen und jedes auf Formgröße ausrollen, die Formen damit auskleiden. Zuerst passend zurechtgeschnittenes Backpapier, dann getrocknete Erbsen auf die Böden geben und diese auf der mittleren Schiene 10 Minuten blindbacken. Aus dem Ofen nehmen, Erbsen und Backpapier entfernen und die Böden abkühlen lassen.

3. Für den Belag die Birnen waschen und schälen, dabei die Stiele nicht entfernen. Die Birnen halbieren, Kerngehäuse und Blütenansätze herausschneiden. Mit Zimt, 1 Esslöffel Zucker, Orangenschale, Wein und 100 Milliliter Wasser 5 Minuten bei schwacher Hitze kochen. Die Birnenhälften aus dem Sud nehmen,

abtropfen und erkalten lassen. Die Früchte fächerartig einschneiden.

4. Das Ei trennen. Die Pistazienkerne im Blitzzerkleinerer fein hacken, etwa 1 Esslöffel davon beiseite legen. Die Eigelbe mit der Crème double, 2 Esslöffeln Zucker, Rum, Zimt und Kakao verrühren. Eiweiß steif schlagen, den Eischnee unterheben.

5. Je 1 Esslöffel der Creme auf die vorgebackenen Böden streichen und je 1 Birnenhälfte fächerförmig ausgebreitet in die Mitte legen. Die Tartelettes mit der restlichen Creme bedecken und auf der mittleren Schiene 15 Minuten backen. Die Birnentartelettes noch warm mit Puderzucker bestäuben und mit den restlichen Pistazienkernen bestreut servieren.

Vorbereitungszeit:
ca. 50 Minuten
Ruhezeit:
1 Stunde
Backzeit:
25 Minuten

 Exotisch

Limettentarteletts

Für 8 Tartelettförmchen von 12 cm Ø

Für den Teig
- 200 g Mehl
- 100 g fein gemahlene Mandeln
- 50 g Zucker
- 1 Prise Salz
- 1 Ei
- 120 g kalte Butter

Für den Belag
- 500 g Magerquark
- 120 g Puderzucker
- 1 Pck. Vanillezucker
- Saft von 2 Limetten
- Saft von 1 Zitrone
- 3 Tropfen natürliches ätherisches Zitronenöl
- 1 Pck. gemahlene weiße Gelatine
- 250 g Sahne

Außerdem
- Klarsichtfolie zum Einwickeln und Ausrollen des Teiges
- Butter für die Förmchen
- Backpapier und getrocknete Erbsen zum Blindbacken
- Zesten von 2 unbehandelten Limetten und 1 in dünne Scheiben geschnittene unbehandelte Limette zum Verzieren

Limettentarteletts (Bild rechts) bestechen durch ihre frische Note.

1. Für den Teig das Mehl in eine Schüssel sieben, Mandeln, Zucker und Salz darüber streuen. Das Ei in die Mitte geben und die Butter in Stückchen darüber verteilen. Alles mit den Händen rasch zu einem glatten Teig verkneten. Den Teig in Klarsichtfolie wickeln und 1 Stunde in den Kühlschrank legen.

2. Den Backofen auf 180 °C (Gas Stufe 2–3, Umluft 160 °C) vorheizen. Die Förmchen einfetten. Den Teig zwischen 2 Lagen Klarsichtfolie ausrollen und Boden sowie Rand der Förmchen damit auslegen. Den Teig mehrmals mit einer Gabel einstechen, mit Backpapier belegen und getrocknete Erbsen darauf geben. Auf der mittleren Schiene 20 bis 25 Minuten blindbacken. Aus dem Ofen nehmen, Erbsen und Backpapier entfernen und die Böden abkühlen lassen.

3. Für den Belag den Quark mit Puderzucker und Vanillezucker verrühren. Limetten- und Zitronensaft mit dem Zitronenöl unter die Quarkcreme rühren. Die Gelatine in 4 Esslöffeln kaltem Wasser 10 Minuten quellen lassen, dann bei schwacher Hitze auflösen und unter die Quarkcreme mischen.

4. Die Sahne steif schlagen und unter die Quarkcreme ziehen. Die Creme in die Tarteletts verteilen, die Oberflächen glatt streichen. Nach dem Festwerden der Creme die Tarteletts vorsichtig aus den Förmchen lösen, mit Limettenzesten und Limettenscheiben verzieren und 1 Stunde kalt stellen.

Vorbereitungszeit:
ca. 45 Minuten
Ruhezeit:
1 Stunde
Backzeit:
20–25 Minuten
Kühlzeit:
1 Stunde

Variante
Die Tarteletts können Sie auch mit anderen unbehandelten Zitrusfrüchten zubereiten. Rühren Sie z. B. statt des Limettensaftes den Saft von 1 Orange, Zitrone oder 2 Clementinen jeweils mit dem Saft von 1 Zitrone und dem passenden ätherischen Öl unter die Quarkcreme.

Exotisch

Mango-Feigen-Tartes

**Für 8 Tartelettförmchen
von 12 cm Ø**

Für den Teig
- 250 g Mehl
- 100 g kalte Butter
- 1 Msp. Salz
- 6 EL Eiswasser

Für den Belag
- 4 frische Feigen
- 1 Mango
- 250 ml trockener Rotwein
- 2 Gewürznelken
- 2 cl Cognac
- 1 TL abgeriebene Schale von
  1 unbehandelten Zitrone
- 70 g Zucker
- 2 EL Speisestärke
- 200 g Crème fraîche

Außerdem
- Klarsichtfolie zum Ein-
  wickeln des Teiges
- Butter für die Förmchen
- Mehl für die Arbeitsfläche

1. Für den Teig das Mehl in eine Schüssel sieben. Butter in Würfeln, Salz und Eiswasser zufügen und alles mit den Händen zu einem glatten Teig verkneten. Den Teig in Klarsichtfolie wickeln und 1 Stunde in den Kühlschrank legen.

2. Den Backofen auf 200 °C (Gas Stufe 3–4, Umluft 180 °C) vorheizen. Die Förmchen einfetten. Den Teig in 8 Portionen teilen und jede auf der leicht bemehlten Arbeitsfläche in Formgröße ausrollen. Die Förmchen damit auskleiden, die Böden mit einer Gabel mehrmals einstechen. Die Böden auf der mittleren Schiene in 20 bis 25 Minuten goldgelb backen, abkühlen lassen. Die Backtemperatur auf 220 °C (Gas Stufe 4–5, Umluft 200 °C) erhöhen.

3. Für den Belag die Feigen waschen, Stiele entfernen und die Früchte in Achtel schneiden. Die Mango schälen, das Fruchtfleisch in kleinen Stücken vom Stein schneiden. Den Wein mit Nelken, Cognac, Zitronenschale und Zucker bei schwacher Hitze aufkochen und die Früchte darin 5 Minuten bei schwacher Hitze ziehen lassen. Früchte aus dem Sud heben, abtropfen lassen, den Sud durch ein Sieb gießen.

4. Den Sud aufkochen. Speisestärke in 2 Esslöffeln Wasser auflösen, in den Sud geben, eindicken und abkühlen lassen. Die Crème fraîche unterrühren. Die Creme auf den vorgebackenen Böden verteilen und die Früchte dekorativ darauf anrichten. Die Tartes auf der mittleren Schiene 20 bis 25 Minuten backen und in den Förmchen abkühlen lassen.

Vorbereitungszeit:
ca. 50 Minuten
Ruhezeit:
1 Stunde
Backzeit:
40–50 Minuten

Serviertipp
Servieren Sie die Törtchen lauwarm mit Kokoseis.

 **Das mögen Kinder**

Käse-Himbeer-Küchlein

**Für 8 Souffléförmchen
von 200 ml Inhalt**

- 1 kg Magerquark
- 4 Eier
- 125 g flüssige Butter
- 150 g Zucker
- 1 Pck. Vanillezucker
- ½ Pck. Backpulver
- 1 Pck. Vanillepuddingpulver
- 4 EL Hartweizengrieß
- Schale und Saft von
  1 unbehandelten Zitrone
- 1 Prise Salz
- 200 g TK-Himbeeren

Außerdem
- Butter und Paniermehl für
  die Förmchen
- Puderzucker zum Bestäuben

1. Den Quark abtropfen lassen, die Eier trennen. Eigelbe mit Butter, Zucker und Vanillezucker schaumig schlagen. Backpulver mit Puddingpulver mischen und über die Eiermasse sieben, zusammen mit Grieß, Zitronenschale und -saft unterrühren. Zum Schluss den Quark unterarbeiten.

2. Den Backofen auf 200 °C (Gas Stufe 3–4, Umluft 180 °C) vorheizen. Die Förmchen einfetten und mit Paniermehl ausstreuen. Eiweiß mit Salz steif schlagen, den Eischnee unter die Quarkmasse heben. Die Hälfte der Masse auf die Förmchen verteilen, die Himbeeren darauf geben und mit der restlichen Quarkmasse bedecken.

3. Die Küchlein auf der mittleren Schiene 50 bis 60 Minuten backen. Sollten sie gegen Ende der Backzeit zu dunkel

werden, mit Backpapier abdecken. Die Küchlein in den Formen abkühlen lassen, vorsichtig herausnehmen und mit Puderzucker bestäubt servieren.

Vorbereitungszeit:
ca. 20 Minuten
Backzeit:
50–60 Minuten

Varianten
- Statt mit Himbeeren schmecken die Küchlein auch mit Heidelbeeren, Sauerkirschen oder Brombeeren köstlich.
- Oder Sie bereiten sie ganz klassisch zu – mit 100 Gramm Rumrosinen, die unter die Quarkmasse gemischt werden.

Für Gäste

Schokoladensterne mit Kirschen

**Für 10–12 Sternförmchen
von 120–150 ml Inhalt**

- 1 Glas Sauerkirschen
  (350 g Abtropfgewicht)
- 250 g zimmerwarme Butter
- 150 g Zucker
- 6 Eier
- 1 Vanilleschote
- 1 Prise Salz
- 80 ml trockener Rotwein
- 100 g Schokoladenstreusel
- 2 EL stark entöltes
  Kakaopulver
- 1 TL Zimt
- 350 g Mehl
- 1 TL Backpulver

Außerdem
- Butter und Paniermehl für
  die Förmchen
- Puderzucker zum Bestäuben

1. Den Backofen auf 180 °C
(Gas Stufe 2–3, Umluft 160 °C)
vorheizen. Die Kirschen in
einem Sieb abtropfen lassen.
Butter und Zucker mit den
Quirlen des elektrischen Handrührgerätes schaumig schlagen. Die Eier nach und nach
unterrühren.

2. Die Vanilleschote längs
aufschlitzen, das Vanillemark
mit einem spitzen Messer
herauskratzen. Das Vanillemark mit Salz, Wein und
Schokostreuseln unter den
Teig rühren. Das Kakaopulver
mit Zimt, Mehl und Back-
pulver vermischen, auf die
Eiermasse sieben und unterrühren.

3. Die Förmchen einfetten
und mit Paniermehl ausstreu-
en. Den Teig einfüllen und
glatt streichen. Die Kirschen
darauf verteilen und leicht
eindrücken. Die Sterne auf
der mittleren Schiene 50 bis
60 Minuten backen. Falls die

Oberfläche zu dunkel wird,
die Sterne nach der Hälfte
der Backzeit mit Backpapier
abdecken. Die fertigen Küchlein 10 Minuten in den Förmchen abkühlen lassen, dann
vorsichtig auf das Kuchengitter stürzen. Die Schokoladensterne wieder umdrehen und
vor dem Servieren mit Puderzucker bestäuben.

Vorbereitungszeit:
ca. 35 Minuten
Backzeit:
50–60 Minuten

Variante
Backen Sie die Sterne doch
auch einmal ganz ohne Früchte und bestreichen Sie sie
erst dünn mit Kirsch- oder
Aprikosenkonfitüre, bevor Sie
sie mit Kuvertüre überziehen.

*Schokoladensterne mit
Kirschen (Bild rechts)
sind dekorativ und lecker
zugleich.*

Tipps
Essen Kinder mit, sollten Sie den Wein durch
Kirschsaft ersetzen.
Wenn Sie die Sterne mit flüssiger Kuvertüre
überziehen, können Sie sie zusätzlich mit bun-
ten Schokolinsen, Liebesperlen oder geras-
pelter Schokolade verzieren.

Das mögen Kinder

Reistörtchen mit Äpfeln

**Für 6 Tartelettförmchen
von 12 cm Ø**

Für den Teig
- 200 g Mehl
- 1 Ei
- 1–2 EL Milch
- 1 Prise Salz
- 1 EL Zucker
- 1 Pck. Vanillezucker
- 80 g weiche Butter

Für den Belag
- 500 ml Milch
- 50 g Zucker
- 1 Prise Salz
- ½ Vanilleschote
- 80 g Milchreis
- 2 Eier
- 100 g Sahne
- 50 g Aprikosenkonfitüre
- 2 mürbe Äpfel
- 3 EL Pinienkerne

Außerdem
- Klarsichtfolie zum Einwickeln des Teiges
- Butter für die Förmchen
- Mehl für die Arbeitsfläche
- Backpapier und getrocknete Erbsen zum Blindbacken
- Puderzucker zum Bestäuben

1. Für den Teig Mehl in eine Schüssel sieben. Ei, Milch, Salz, Zucker, Vanillezucker und die Butter zugeben und alles zuerst mit den Knethaken des elektrischen Handrührgerätes, dann mit den Händen zu einem festen Teig verkneten. Den Teig zu einer Kugel formen, in Klarsichtfolie wickeln und 1 Stunde in den Kühlschrank legen.

2. Milch in einem Topf mit 30 Gramm Zucker und dem Salz verrühren. Die Vanilleschote längs aufschlitzen, das Mark mit einem spitzen Messer herauskratzen und zusammen mit der Schote zur Milch geben. Die Milch aufkochen, den Reis unterrühren und im offenen Topf bei schwacher Hitze 30 bis 40 Minuten weich kochen, dabei gelegentlich umrühren. Nach Bedarf noch etwas Milch nachgießen. Die Vanilleschote entfernen.

3. Den Backofen auf 200 °C (Gas Stufe 3–4, Umluft 180 °C) vorheizen. Die Förmchen einfetten. Den Teig in 6 Portionen teilen und auf der leicht bemehlten Arbeitsfläche etwas größer als die Förmchen ausrollen. Die Förmchen damit auslegen, die Teigböden mit einer Gabel mehrmals einstechen und mit passend zurechtgeschnittenem Back-

papier und getrockneten Erbsen belegen. Die Teigböden auf der mittleren Schiene 10 bis 15 Minuten blindbacken. Aus dem Ofen nehmen, Erbsen und Backpapier entfernen und die Böden abkühlen lassen.

4. Die Eier trennen. Die Eigelbe unter den Reis rühren. Eiweiß und Sahne getrennt steif schlagen, den Eischnee und die Sahne unter den Reis heben. Die Konfitüre auf die Teigböden streichen.

5. Die Äpfel waschen, schälen und vierteln. Die Kerngehäuse entfernen und die Äpfel in dünne Scheiben schneiden. Die Apfelscheiben auf den Teigböden verteilen. Den Reis darauf streichen und diesen mit den Pinienkernen bestreuen. Die Reistörtchen auf der mittleren Schiene 35 bis 40 Minuten backen und vor dem Servieren mit Puderzucker bestäuben.

Vorbereitungszeit:
ca. 1 Stunde
Ruhezeit:
1 Stunde
Backzeit:
45–55 Minuten

Johannisbeermuffins

Für 12 Stück

- 120 g Butter oder Margarine
- 120 g brauner Zucker
- 2 Eier
- 150 g Joghurt
- 70 ml Milch
- 150 g Weizenmehl Type 1050
- 100 g Hartweizengrieß
- 2 TL Backpulver
- ½ TL Zimt
- abgeriebene Schale von ½ unbehandelten Zitrone
- je 100 g rote und schwarze Johannisbeeren

Außerdem
- Butter für die Form

1. Butter oder Margarine schmelzen und abkühlen lassen. Mit dem Zucker, den Eiern, dem Joghurt und der Milch schaumig schlagen. Mehl, Grieß, Backpulver, Zimt und Zitronenschale mischen.

2. Die Johannisbeeren abbrausen, auf Küchenpapier trocknen und die Beeren von den Rispen streifen. Den Backofen auf 200 °C (Gas Stufe 3–4, Umluft 180 °C) vorheizen. Das Muffinblech einfetten.

3. Die Butter-Joghurt-Mischung nach und nach unter die Mehlmischung rühren, so dass alle Zutaten miteinander verbunden sind, jedoch nicht aufgeschlagen werden. Die Johannisbeeren vorsichtig unter den Teig heben.

4. Den Teig bis zu einer Höhe von zwei Dritteln in die Mulden des Muffinbleches füllen. Die Muffins auf der mittleren Schiene 25 bis 30 Minuten backen, bis die Oberflächen aufbrechen und die Küchlein eine goldbraune Färbung angenommen haben. Das Blech aus dem Ofen nehmen und die Muffins 5 Minuten darin abkühlen lassen. Die Muffins aus den Mulden lösen und zum weiteren Abkühlen auf das Kuchengitter setzen.

Vorbereitungszeit:
ca. 20 Minuten
Backzeit:
25–30 Minuten

Variante
Statt mit Johannisbeeren können Sie die Muffins auch mit jedem anderen Beerenobst, wie Heidelbeeren, halbierten Stachelbeeren, Brombeeren oder Himbeeren, zubereiten. Gut eignen sich tiefgekühlte Beeren, die Sie dann allerdings gefroren in den Teig geben sollten.

Tipp

Wer kein Muffinblech besitzt, kann das Gebäck auch in Papierförmchen backen. Diese erhalten Sie in der Papierabteilung großer Kaufhäuser und in gut sortierten Haushaltswarengeschäften.

Für Gäste

Blätterteig-Erdbeerschnitten

Für 1 Backblech

Für den Teig
• 4 Scheiben TK-Blätterteig

Für den Belag
• 200 g Erdbeeren
• 50 g Heidelbeeren
• 2 EL Orangenlikör
• 1 Blatt weiße Gelatine
• 200 g Mascarpone
• 50 g Puderzucker
• ½ Vanilleschote
• 2 EL Zitronensaft

Außerdem
• Mehl für die Arbeitsfläche
• Backpapier für das Blech
• 25 g gehackte Pistazien-
  kerne zum Verzieren
• Puderzucker zum Bestäuben

*Blätterteig-Erdbeerschnitten
(Bild rechts) sind zum
Verwöhnen von Gästen ideal.*

1. Die Blätterteigplatten auf der leicht bemehlten Arbeitsfläche nebeneinander liegend auftauen lassen. Den Backofen auf 220 °C (Gas Stufe 4–5, Umluft 200 °C) vorheizen. Das Backblech mit Backpapier auslegen.

2. Erdbeeren und Heidelbeeren abbrausen und abtropfen lassen. 4 schöne Erdbeeren und die Heidelbeeren beiseite legen. Die restlichen Erdbeeren von den Stielansätzen befreien, in dünne Scheiben schneiden und mit dem Likör beträufelt im Kühlschrank 30 Minuten marinieren.

3. Inzwischen die Ränder der Blätterteigplatten mit dem Zackenrädchen knapp abschneiden, damit sie einen welligen Rand bekommen. Die Scheiben mit dem Rädchen halbieren und auf das Backblech legen. Auf der mittleren Schiene in 10 bis 15 Minuten goldbraun backen, herausnehmen und auf dem Gitter abkühlen lassen.

4. Die Gelatine in kaltem Wasser 10 Minuten einweichen. Mascarpone mit Puderzucker glatt rühren. Die Vanilleschote längs aufschlitzen, das Mark mit einem spitzen Messer herauskratzen und mit dem Zitronensaft zur Creme geben.

Die Gelatine tropfnass bei schwacher Hitze auflösen und sofort unter die Creme rühren. 30 Minuten kalt stellen.

5. Die Mascarponecreme in einen Spritzbeutel mit großer Sterntülle geben und die Hälfte in Rosetten auf 4 Blätterteigplatten spritzen. Marinierte Erdbeeren auflegen, Cremetupfen aufspritzen und die anderen Blätterteigplatten darauf setzen. Die restliche Creme obenauf setzen, mit den beiseite gelegten Erdbeeren und den Heidelbeeren verzieren. Die Schnitten mit den Pistazien verzieren und mit Puderzucker bestäuben.

Vorbereitungszeit:
ca. 35 Minuten
Marinierzeit:
30 Minuten
Backzeit:
10–15 Minuten
Kühlzeit:
30 Minuten

Tipp

Die Blätterteigplatten können Sie schon einige Stunden im Voraus backen. Sind sie jedoch einmal gefüllt, sollten sie sofort serviert werden, da sie leicht durchweichen.

 **Das mögen Kinder**

Himbeertarteletts

Für 6 Tartelettförmchen von 12 cm Ø

Für den Teig
- 200 g Mehl
- 50 g Zucker
- 1 Prise Salz
- 1 Ei
- 100 g Butter

Für den Belag
- 300 g Himbeeren, frisch oder tiefgekühlt
- 3 Eier
- 200 g Sahne
- 100 g Puderzucker
- 2 EL Vanillepuddingpulver

Außerdem
- Klarsichtfolie zum Einwickeln des Teiges
- Butter für die Förmchen
- Backpapier und getrocknete Erbsen zum Blindbacken

1. Das Mehl in eine große Schüssel sieben. Zucker und Salz darüber streuen, das Ei in die Mitte geben und die Butter in Stückchen darüber verteilen. Die Zutaten mit den Händen rasch zu einem geschmeidigen Teig verkneten. Den Teig in Klarsichtfolie wickeln und 1 Stunde in den Kühlschrank legen.

2. Den Backofen auf 200 °C (Gas Stufe 3–4, Umluft 180 °C) vorheizen. Die Förmchen einfetten. Frische Himbeeren abbrausen, verlesen und gut abtropfen lassen, tiefgefrorene Himbeeren auftauen lassen.

3. Den Teig dünn ausrollen und Boden und Rand der Förmchen damit auslegen. Die Teigböden mit Backpapier und getrockneten Erbsen bedecken und auf der mittleren Schiene 20 Minuten blindbacken. Erbsen und Backpapier entfernen und die Böden abkühlen lassen. Die Backtemperatur auf 180 °C (Gas Stufe 2–3, Umluft 160 °C) reduzieren.

4. Für den Belag Eier mit der Sahne schaumig aufschlagen, Zucker und Puddingpulver unterrühren. Die Himbeeren auf den vorgebackenen Böden verteilen und die Ei-Sahne-Mischung darüber gießen. Die Tarteletts auf der mittleren Schiene 30 Minuten backen. In den Förmchen abkühlen lassen, danach vorsichtig aus den Förmchen lösen.

Vorbereitungszeit:
ca. 40 Minuten
Ruhezeit:
1 Stunde
Backzeit:
50 Minuten

Varianten
Die Tarteletts können Sie auch gut mit eingelegten Sauerkirschen, Stachelbeeren aus dem Glas oder mit tiefgefrorenen Brombeeren zubereiten.

Serviertipp
Servieren Sie die Himbeertarteletts lauwarm als Dessert mit 1 Kugel Himbeereis und garniert mit einigen Minzeblättchen.

Exotisch

Filloteigtörtchen mit exotischen Früchten

Für 8 Stück

Für den Teig
- 6 Blätter Filloteig (siehe Tipp Seite 64)
- 40 g Butter

Für die Füllung
- 2 Blatt weiße Gelatine
- 150 ml Multivitaminsaft
- 1 Karambole
- ½ Granatapfel
- 1 Kiwi
- 8 Litschis aus der Dose
- 2 Minibananen
- 3 EL Zitronensaft
- 100 g Mascarpone
- 1 EL Puderzucker
- 3 EL Milch
- 2 EL geröstete Cashewkerne

Außerdem
- Butter für die Förmchen

1. Den Backofen auf 180 °C (Gas Stufe 2–3, Umluft 160 °C) vorheizen. 8 Muffin- oder Creme-Karamell-Förmchen einfetten. Je 3 Lagen Filloteig übereinander legen und in 4 Rechtecke schneiden. Jedes dreilagige Rechteck in ein Förmchen legen und vorsichtig hineindrücken.

2. Butter schmelzen und auf den Teig träufeln. Die Teigränder mit der Schere hübsch zurechtschneiden. Die Filloteigtörtchen auf der mittleren Schiene in 3 bis 4 Minuten goldgelb backen. Vorsichtig aus den Förmchen lösen, überschüssige Butter mit Küchenpapier abtupfen und die Törtchen abkühlen lassen.

3. Für die Füllung die Gelatine 5 Minuten in kaltem Wasser einweichen. Den Multivitaminsaft erhitzen, die Gelatine ausdrücken und im Saft auflösen, abkühlen lassen. Das Obst waschen, putzen und in dekorative Stücke schneiden. Den Granatapfel auseinander brechen und die Beerchen aus den Häuten lösen.

4. Das vorbereitete Obst mit 2 Esslöffeln Zitronensaft vermischen und mit dem Multivitaminsaft überziehen. Das marinierte Obst auf einem Teller ausbreiten und 30 Minuten kalt stellen.

5. Mascarpone mit Puderzucker, Zitronensaft und Milch verrühren. Die Cashewkerne grob hacken. Das Obst in die Törtchen verteilen, jeweils einen Klecks Mascarponecreme darauf geben und die Nüsse darüber streuen. Die Törtchen sofort servieren.

Vorbereitungszeit:
ca. 30 Minuten
Backzeit:
3–4 Minuten
Kühlzeit:
30 Minuten

 **Gut vorzubereiten**

Minisavarins mit Beerensalat

Für 8 Savarinförmchen von etwa 120 ml Inhalt

Für die Savarins
- 175 g Mehl
- ¼ Würfel frische Hefe (ca. 10 g)
- 50 ml lauwarme Milch
- 50 g Butter
- 1 EL Zucker
- 1 Prise Salz
- 1 gute Msp. abgeriebene Schale von 1 unbehandelten Zitrone
- 2 Eier
- 50 ml frisch gepresster Orangensaft
- 3 EL Maracujasirup
- 100 g Puderzucker
- 2 EL Rum
- 100 g Aprikosenkonfitüre

Für den Beerensalat
- je 50 g Erdbeeren, rote und weiße Johannisbeeren, Brombeeren und Himbeeren
- 2 cl Cassis oder Himbeergeist

Außerdem
- Butter für die Förmchen
- Minzeblättchen zum Garnieren
- Sahne zum Servieren

Minisavarins mit Beerensalat (Bild rechts) sind Minis mit maximalem Genuss.

1. Das Mehl in eine Schüssel sieben und eine Mulde in die Mitte drücken. Die Hefe in der Milch glatt rühren und in die Mulde gießen. Mit etwas Mehl vom Rand vermischen und zugedeckt an einem warmen Ort 15 Minuten gehen lassen. Die Butter schmelzen und leicht abkühlen lassen.

2. Butter, Zucker, Salz, Zitronenschale und Eier zum Teigansatz geben und alles mit den Quirlen des elektrischen Handrührgerätes zu einem weichen Teig verarbeiten. Einige Minuten auf hoher Stufe rühren, damit der Teig luftig wird. Zugedeckt nochmals gehen lassen, bis sich sein Volumen fast verdoppelt hat.

3. Den Backofen auf 200 °C (Gas Stufe 3–4, Umluft 180 °C) vorheizen. Die Förmchen einfetten. Den Teig nochmals kneten und gleichmäßig in die Förmchen verteilen. Den Teig 10 Minuten gehen lassen. Die Savarins auf der mittleren Schiene auf dem Gitter 20 Minuten backen, bis sie sich leicht bräunen.

4. Den Orangensaft durch ein Sieb seihen. Mit Maracujasirup, Zucker und 200 Milliliter Wasser 1 Minute bei starker Hitze kochen, abkühlen lassen und den Rum unter-

mischen. Die Savarins aus den Förmchen stürzen, kurz abkühlen lassen und in die Saftmischung tauchen, bis sie durchtränkt sind. Die Savarins auf eine Platte legen. Aprikosenkonfitüre mit 2 Esslöffeln Wasser verrühren und erhitzen, durch ein Sieb streichen. Die Savarins damit einpinseln und auf Portionsteller setzen.

5. Für den Beerensalat die Früchte abbrausen, verlesen und abtropfen lassen. Die Erdbeeren je nach Größe in Stücke schneiden. Die Beeren vorsichtig mit Cassis oder Himbeergeist vermischen. Den Beerensalat in die Mitte der Savarins füllen und diese mit Minzeblättchen garnieren. Mit halbsteif geschlagener Sahne servieren.

Vorbereitungszeit:
ca. 50 Minuten
Ruhezeit:
ca. 30 Minuten
Backzeit:
20 Minuten

Variante
Die Savarins schmecken auch köstlich mit einer Füllung aus exotischen Früchten. Dafür in kleine Stücke geschnittene Kiwi, Karambole, Papaya, Litschis, Granatäpfel und Feigen mit etwas Kokoslikör oder Rum marinieren.

Das mögen Kinder

Mandelküchlein mit Zwetschgen

**Für 6 Kastenförmchen
von 150 ml Inhalt**

Für den Teig
- 100 g Butter oder
  Margarine
- 70 g Zucker
- 1 Pck. Vanillezucker
- 2 Tropfen Bittermandel-
  aroma
- 1 Prise Salz
- 1 Ei
- 1 Eigelb
- 100 g abgezogene, gemahlene Mandeln
- 30 g kleine Amaretti
- 150 g Mehl
- 1 gestrichener TL Back-
  pulver

Für den Belag
- 300 g säuerliche
  Zwetschgen

Außerdem
- Fett und Paniermehl für
  die Förmchen
- 100 g Zartbitterkuvertüre
  zum Garnieren

1. Die Förmchen einfetten
und mit Paniermehl ausstreu-
en. Die Butter mit Zucker,
Vanillezucker, Bittermandelaroma und Salz schaumig
schlagen. Ei und Eigelb sowie
die Mandeln unterrühren.

2. Die Amaretti im Blitzzerkleinerer fein hacken und
unter den Teig mengen. Mehl
und Backpulver mischen,
über den Teig sieben und
unterrühren. Den Teig in die
Förmchen geben.

3. Den Backofen auf 180 °C
(Gas Stufe 2–3, Umluft 160 °C)
vorheizen. Die Zwetschgen
waschen, abtropfen lassen
und halbieren. Steine entfernen und die Zwetschgen
mit den Schnittflächen nach
oben in den Teig setzen. Die

Küchlein auf der mittleren
Schiene 30 bis 35 Minuten
backen. Die fertigen Mandel-
küchlein erst 5 Minuten in
den Förmchen, dann auf das
Kuchengitter gestürzt abkühlen lassen.

4. Die Kuvertüre über dem
Wasserbad schmelzen und
die Küchlein mit der Unter-
seite bis zur Hälfte des Ran-
des hineintauchen. Auf das
Kuchengitter setzen und
mit der restlichen Kuvertüre
feine Linien auf die Küchlein
spritzen. Die Kuvertüre fest
werden lassen.

Vorbereitungszeit:
ca. 20 Minuten
Backzeit:
30–35 Minuten

Variante
Besonders Kinder lieben
diese hübschen Küchlein.
Bereiten Sie sie auch einmal
mit Apfel- oder Bananen-
stückchen zu.

 **Traditionell**

Apple-Pies

Für 4 Tartelettformen von 14 cm Ø

Für den Teig
- 300 g Mehl
- 70 g Zucker
- 1 Prise Salz
- 1 Ei
- 1 Eigelb
- 150 g Butter

Für die Füllung
- 1 kg säuerliche Äpfel
- 2 EL Zitronensaft
- 3 EL Zucker
- 1 TL Zimt
- je 1 Msp gemahlener Piment und gemahlene Muskatnuss
- 5 EL Zwiebackmehl (aus geriebenem Zwieback)

Außerdem
- Klarsichtfolie zum Einwickeln des Teiges
- Butter für die Förmchen
- Mehl für die Arbeitsfläche
- Backpapier und getrocknete Erbsen zum Blindbacken
- 1 Ei und 20 g Butter zum Bestreichen

1. Das Mehl in eine große Schüssel sieben. Zucker und Salz darüber streuen, Ei und Eigelb in die Mitte geben und die Butter in Stückchen darüber verteilen. Alles mit den Händen rasch zu einem geschmeidigen Teig verkneten. Den Teig in Klarsichtfolie wickeln und 1 Stunde in den Kühlschrank legen.

2. Den Backofen auf 200 °C (Gas Stufe 3–4, Umluft 180 °C) vorheizen. Die Förmchen einfetten. Zwei Drittel des Teiges auf der leicht bemehlten Arbeitsfläche dünn ausrollen und Boden und Rand der Förmchen damit auslegen. Mit Backpapier und getrockneten Erbsen bedecken und auf der mittleren Schiene 15 Minuten blindbacken. Erbsen und Backpapier entfernen und die Böden abkühlen lassen. Die Backtemperatur auf 180 °C (Gas Stufe 2–3, Umluft 160 °C) reduzieren.

3. Für die Füllung die Äpfel waschen, schälen, vierteln, die Kerngehäuse herausschneiden und die Viertel in dünne Scheiben schneiden. Die Apfelscheiben in einer Schüssel mit dem Zitronensaft beträufeln. Zucker, Zimt, Piment, Muskat und Zwiebackmehl vermischen und darüber streuen.

4. Die Apfelmischung auf die Förmchen verteilen. Den restlichen Teig ausrollen, 4 Deckel in Förmchengröße ausschneiden und die Pies damit abdecken. Aus dem überschüssigen Teig kleine Äpfel formen. Das Ei mit 2 Teelöffeln Wasser verquirlen und die Teigstückchen damit einpinseln. Die Teigdeckel mit den Ornamenten verzieren.

5. Die Butter schmelzen und die Pies damit einpinseln. Je zwei kleine Schnitte in den Oberflächen anbringen, damit entstehender Dampf entweichen kann. Die Pies auf der mittleren Schiene in 30 bis 40 Minuten goldgelb backen und noch warm in den Förmchen servieren.

Vorbereitungszeit:
ca. 50 Minuten
Ruhezeit:
1 Stunde
Backzeit:
45–50 Minuten

Tipp

Wenn Sie die Pies in dunkel beschichteten Förmchen backen, werden Teigboden und -rand besonders knusprig und schön goldbraun.

Für Gäste

Karamellisierte Bananentörtchen

Für 8 Tartelettförmchen von 12 cm Ø

Für den Teig
- 200 g Mehl
- 1 EL Zucker
- 1 Pck. Vanillezucker
- 1 Prise Salz
- 1 Ei
- 100 g kalte Butter

Für den Belag
- 300 g Würfelzucker
- 1 TL Zitronensaft
- 6–8 Bananen

Außerdem
- Klarsichtfolie zum Einwickeln des Teiges
- Butter für die Förmchen
- Mehl für die Arbeitsfläche

1. Für den Teig das Mehl in eine Schüssel sieben, Zucker, Vanillezucker und Salz darüber streuen. Das Ei in die Mitte geben und die Butter in Stückchen darüber verteilen. Alle Zutaten zuerst mit den Händen krümelig verreiben, dann zu einem glatten Teig verkneten. Den Teig in Klarsichtfolie wickeln und 1 Stunde in den Kühlschrank legen.

2. Die Förmchen einfetten und in den Kühlschrank stellen. Den Würfelzucker mit 2 Esslöffeln Wasser in einem Topf mit schwerem Boden unter ständigem Rühren zum Kochen bringen. Zitronensaft zugeben und die Mischung goldbraun karamellisieren. Den Topfboden sofort in eine Schüssel mit kaltem Wasser tauchen, damit der Karamell nicht zu dunkel wird. Den Karamell rasch in die Förmchen verteilen.

3. Den Backofen auf 180 °C (Gas Stufe 2–3, Umluft 160 °C) vorheizen. Die Bananen schälen, die Endstücke entfernen. Die Bananen in 2 cm dicke Scheiben schneiden und dicht nebeneinander auf den Karamell in die Förmchen setzen.

4. Den Teig auf der leicht bemehlten Arbeitsfläche 4 mm dick ausrollen und 8 Kreise in Förmchengröße ausschneiden. Die Teigkreise auf die Bananen in die Förmchen legen und mit einer Gabel mehrmals einstechen. Auf der mittleren Schiene 25 bis 30 Minuten backen und anschließend sofort auf Portionsteller stürzen. Die Törtchen noch warm servieren.

Vorbereitungszeit:
ca. 40 Minuten
Ruhezeit:
1 Stunde
Backzeit:
25–30 Minuten

Variante
Fein schmecken die Törtchen auch, wenn Sie sie mit mürben, säuerlichen Äpfeln oder mit Birnen zubereiten.

Tipp
Wenn es schnell gehen soll, können Sie die Törtchen mit fertigem Mürbeteig aus dem Kühlregal des Supermarktes oder mit tiefgekühltem Blätterteig backen.

Bananen auf ihre schönste Weise: Karamellisierte Bananentörtchen (Bild rechts).

Impressum

Die Deutsche Bibliothek –
CIP-Einheitsaufnahme

Casparek, Petra:
Verführerische Obst- und
Blechkuchen / Petra Casparek. –
München : Augustus-Verl., 2000
  (Lust auf Genuss)
  ISBN 3-8043-6024-6

Augustus Verlag München 2000
© Weltbild Ratgeber Verlage
GmbH & Co. KG
Alle Rechte vorbehalten

Redaktion: Yvonne Georgi
Projektleitung: Michaela Zelfel
Gestaltung: Ludwig Kaiser,
München
DTP: H3A GmbH
Umschlagfoto und Foodfotos:
Odette Teubner, Füssen
Freisteller: Fotostudio Schmitz,
München, und Verlagsarchiv
Druck und Bindung:
Offizin Andersen Nexö, Leipzig

Printed in Germany

ISBN 3-8043-6024-6

Gedruckt auf elementar chlorfrei
gebleichtem Papier

Rezepteregister

Zutatenregister